中國文化與現代變遷

余英時 著

三民書局

余英時典藏套書引言

國立臺灣大學歷史系教授
陳弱水

余英時先生（一九三〇～二〇二一）於去年八月一日離世，一年之後，三民書局要重出他原在該書局出版的六本書，邀我為這六本書寫一篇引言。我大學時代就開始研讀余先生的作品，後來在博士班成為他的學生，淵源很深，我長年閱讀他的論著，既然受邀，覺得難以推辭。不過，余先生著述宏富，學問至廣，我雖然長年接觸他的文字，又曾受教於他，要寫出恰如其分的引言，還是很不容易。本文基本上在介紹這幾本書的主要議題和余先生的若干重要看法，希望能幫助讀者進入他的學術與思想世界。此外，這幾本書雖然只構成余先生著述的一小部分，但反映不少他的一貫關心和觀點，這篇引言說不定也能增進讀者對余先生的整體認識。

這次重新出版的六本余先生著作是：《會友集——余英時序文集》（上、下兩冊，增訂版）、《中國文化與現代變遷》、《歷史人物與文化危機》、《論戴震與章學誠——清代中期學術思想史研究》、《陳寅恪晚年詩文釋證》（增訂新版）、《猶記風吹水上鱗——錢穆與現代中國學術》。這六本可以分為兩個類別。前三本是文集，裡面的文章大多是通論的性質，而非專門研究，構成一類；後三本雖然也是單篇文章的結集，但各書主題單一，有專書的實質，內容則以專門研究為主。不過，余先生的著作有個重要特色，就是通論性或評論文章往往立足於學術基礎，學術論著則常具思想意味，甚至含有時代意義。關於傳統中國的論著，通常學術性強，但在涉及近代和當代課題的文章，往往是學術、思想、評論的因子交光互影，上述兩個類別的分野並不絕對。

為了讓讀者對余先生這六本書有比較具體的認識，我這裡還是要依照類別進行介紹，兩類之中，各本書也分別討論，但在這個過程，我會儘量揭示余先生在這些書中所顯露的通盤關心，希望讀者能對各書的關聯有所了解。

我要從前三本的文集開始。首先是《會友集——余英時序文集》，就如本書副題所顯示，這是余先生為他人書籍所寫序文的結集，所以這本書包羅廣泛，沒有特定的宗旨，寫序的書主題是什麼，序文就往那個方向開展。不過正因為如此，這本序文集大幅度展現了余先生的學識和思考的問題，很適合作為介紹他的學思世界的起點。

《會友集》是現任浙江大學教授彭國翔受余先生之託所編集，初版在二〇〇八年由香港明報出版社出版，收有余先生序文三十八篇，兩年後三民出臺灣增訂版，增加了十三篇，共計五十一篇。余先生一生為人作序甚多，這五十一篇雖然不是全豹，遺漏已經不多了。在一般的印象中，序文經常是應酬文字，少有精華之作，但余先生個性認真，不願辜負他人的付託，也不想浪擲自己的時光，他寫作序文，儘量把它當作自己主動要寫的文章，戮力以赴。余先生是學者，他常見的做法是對書的主題進行一番研究，然後把重要心得寫入序文，和作者形成對話，也期望讀者有實際的收穫。因此，書籍不論是否為學術性質，序文往往有相當程度的學術內涵以及深思熟慮的意見。余先生在《會友集・自序》中說：「我生平不會寫應酬式的文字，友人向我索序，我必儘可能以敬慎之心回報。首先我必細讀全稿，力求把握住作者的整體意向；其次則就我所知，或就原著旨趣加以伸引發揮，或從不同角度略貢一得之愚。但無論從什麼方向著筆，我都堅守一個原則，即序文必須環繞着原作的主題發言。換句話說，原作為主，序文則居於賓位。序文的千言萬語都是為了凸顯原作的貢獻及其意義。」（頁一）我引述這一大段文字，是想表明，《會友集》所收錄雖皆為序文，都是余先生的心血之作，由於序文集的特性，它展現了余先生心靈的多個方面。

彭國翔教授編輯《會友集》，把余先生的序文分為「內篇」和「外篇」，剛好就是三民版上、下冊，彭教授表示，內篇「論學術」，外篇「議時政」（頁七〇九）。不過，我覺得這些序文可以再進一步分為三類：「內篇」（上冊）是歷史學術——特別是傳統中國史——相關的序文，「外篇」（下冊）並不只是「議時政」，其中既有關於近現代中國史（包括中共歷史）的研討，也有對當代中國情勢的論說。整體而言，《會友集》的學術成分相當高，但近現代中國史與中國的現實關係密切，則是沒有問題的。興趣主要在歷史學術的讀者，不妨先看本書上冊，對近現代中國或余先生的思想特別關注的人，則可從下冊開始閱讀。

這裡想要進一步指出，《會友集》的三個重點：以傳統中國史為中心的歷史研究、近現代中國史、當代中國情勢，反映了余先生一生整體關心的大部分，這幾個重點也或多或少出現在三民版的其他兩本文集：《中國文化與現代變遷》、《歷史人物與文化危機》，《會友集》的內容有不少可與這兩本呼應的地方。

余先生是世界知名的中國史大家，在近代以前思想史方面的成就尤其高，他為學術書籍寫序，自然涉及不少重要的史學問題，這方面的特點，下文論及余先生學術專著時會稍作說明，這裡先略過。至於余先生對於中國近現代史的研究和討論，他從年輕時代開始，就具有公共知識分子的性格，對近當代史事非常留意，但他為文探討這方面的問題，是一九八〇年代以後的事，當時已五十餘歲，就學院的標準來說，並不是近代史的專業研究者。余先生進入中國近現代史領域，有兩個主要來源。一是對中國現代學術以及歷史學、人文學特性的關心。余先生年輕時就廣讀現代中國史學大家的著作，他在香港、美國又親炙幾位史學界重要人物：錢穆（一八九五～一九九〇）、洪業（一八九三～一九八〇）、楊聯陞（一九一四～一九九〇），很早就有機會聽聞學界內部的訊息。一九八〇年代以後，由於一些特定的機緣，例如陳寅恪全部著作出版、胡適資料的刊布，余先生得以開始利用他積蓄已久的認識和心得，開展對中國近現代學術史的撰述。

余先生探討中國近現代史還有一個主要來源：對中共問題的關注。共產黨的興起和取得政權，是二十世紀中國的最大事件，對余先生個人和整個中國都是絕大的衝擊。一九四九年十月中共政權建立時，余先生人在北京，是燕京大學學生。他本來完全沒有離開中國本土的想法，但各種事情巧合，讓他在一九五〇年到香港探親後，最終決定留在香港，從此改變一生的命運。中共極權統治造成無人道的景況以及對中國社會文化的全面破壞，人在海外的余先生痛心疾首。一九八〇、一九九〇年代以後，他以深厚的史學造詣，對中共的歷史和特性提出很有洞見的解說。這部分在《會友集》「外篇」有相當的表現。余先生對中共歷史和相關問題的探討出於他的現實關懷，是很明顯的，他在《會友集》中議論時政的部分，也是以中國和中共問題為主，就是很自然的了。

余先生對於近現代中國歷史和當代局勢的見解有何特殊之處？《會友集》表現最清楚的是他對中共極權體制和中共集團性質的解釋。中共政權建立以後，對於中共統治方式的來源，西方和日本流行一個觀點，主張以毛澤東為首的中共統治是中國帝王體制的延續，中國傳統是中共政權型態的最深來源。余先生對此不表同意，他認為中共統治的方式和傳統君主政治相差很遠，中共政權特點的最主要來源是蘇聯的蘇維埃體制，中國傳統的色彩大多是附加的。但中共集團的構成則有很深的傳統背景，余先生認為，中共的主導人物既不是知識分子，也不是一般的農民，而是各種型態的社會邊緣人，在傳統時代，這類人就是歷代反叛動亂的要角，在現代中國，他們在激烈的「革命」中找到了出路。中共的文化特色也可以從集團構成上得到若干了解。

可以看出，余先生探討近現代歷史和當代議題，懷有宏觀的視野，他的傳統中國史造詣讓他能對現代中國的變局指出一般學者不易看出的要點。除了中國史知識，余先生的文章也常引用西方觀念。余先生從年輕時起，就對西方思想和哲學有高度興趣，瀏覽、購買、閱讀有關書籍是他日常生活的一部分，他往往從這些閱讀中獲得了解事物的啟發，但他不會生搬硬套，削足適履，總是力求認識事實的關鍵，再尋求適切的解釋。運用廣闊的知識和豐富的思想資源，以清朗的文字訴說對各項問題和現象的看法，是余先生通論文字的重大特色。

總之，由於《會友集》是以文章體裁為準編輯而成，網羅了余先生對各式各樣問題的論說，讓我們可以相當清楚看出他論學寫文的重點以及基本風格。

再來要談另一本文集《中國文化與現代變遷》。這本書出版於一九九二年，搜集余先生從一九八八年到一九九一年的通論性文字。前面說過，《會友集》涉及的問題大概有三類：以傳統中國史為中心的歷史研究、近現代中國史、當代中國情勢，這也反映了余先生學思的大部分重點。顧名思義，從書題看來，《中國文化與現代變遷》中的文章多集中於文化和近現代中國這兩點。近現代中國的課題已如前述，「文化」的確是余先生長期關心的另一主要問題，它之所以沒有明顯出現在《會友集》，應該是因為請余先生寫序的書沒有以此為主題的。

「文化」是當代人文學科和社會科學的重大議題，也是這些學科和一般談論中時時使用的核心概念，內涵多樣。余先生談這個問題，主要是取文化的領域意義，也就是相對於政治、社會、經濟等領域的文化。這個意義的文化包括的社會生活要項很多，例如教育、學術、思想、宗教、藝術、文學、各種價值系統，傳統中國的儒家也屬於文化的範疇，大概來說，就是以精神生活為中心的領域。余先生的一個基本觀點是，文化具有獨立性和超越性。獨立性，是指相對於其他力量，如政治、市場，文化不是附屬品，它有自身的能動性，甚至可以影響、改變其他領域的狀態；超越性，則主要是指文化能創造自己獨立的標準，超乎功利和權力的考慮。

余先生一生最大——至少是持續最久——的關懷是中國社會如何從殘破的境地重新復甦，恢復健康，他認為獨立而有活力、深度的文化是關鍵。在他對近現代中國歷史的討論中，他也最同情胡適（一八九一～一九六二）的觀點：以文化為本的漸進改革，而不是急切的政治革命，才是中國應該走的路。我不知道在余先生全部的評論文字中，對於文化觀念的討論占多少分量，不過我一九八〇年代在耶魯大學求學時，社會變革應以文化為本，深化文化，是余先生常向我表達的看法。這是他堅定的信念。到了晚年，學術與文化中的人文重建尤其是他的重要關懷。（參見余英時，《人文與民主》，時報文化出版公司，二〇一〇）

在《中國文化與現代變遷》有關近現代中國的文章，我特別推薦〈中國知識分子的邊緣化〉、〈費正清與中國〉這兩篇。〈中國知識分子的邊緣化〉試圖展示，邊緣化是二十世紀中國知識分子的突出特徵，知識分子從傳統上處於核心的士人地位，變成在社會、政治乃至文化各方面邊緣化，這個現象的另一面，則是原來的邊緣人構成了政治權力的核心。這個討論可以幫助我們對中國共產黨的興起和特質有深入了解，在某種程度上，國民黨也有類似的情況。〈費正清與中國〉是在費正清 (John King Fairbank, 1907–1991) 過世後所寫的紀念文章，其實是一篇有分量的歷史論析。費正清是哈佛大學教授，美國中國近代史領域的重要開拓者，也是具有外交實務經驗，並對美國對華政策有影響的學者。費正清對國民黨反感極深，很早就主張美國承認中共政權，在二次大戰後很長的時間，在臺灣國民黨和親國民黨的圈子，他被當成美國親共學閥的代表。余先生在哈佛大學求學，曾修過費正清的課，在哈佛任教後，又是同事，和他有二十多年的淵源。在這篇文章，余先生融合他對現代中國史、美國漢學發展以及費正清個人的認識，對費正清個人和美國對華政策的特性，提出豐富而有見解的說明。此文不但有助於我們了解二十世紀中期的美、中、臺關係，在臺灣當前局勢的思考上，也可以有所啟發。

最後一本通論性文集《歷史人物與文化危機》出版於一九九五年，其中的文章大都寫於一九九一至一九九五年之間，文章的主題就如書題所顯示，很多與「文化危機」和「歷史人物」有關。「文化危機」也屬於余先生關心的文化問題，但重點在現代中國歷史上的一個重要現象。簡單說，中國由於在現實上嚴重挫敗，從十九、二十世紀之交，出現了對自身文化喪失信心的情況，轉而師法西方學說，以西方為尊，最後終結於「五四」後期的激烈反傳統思潮。另外一方面，中國社會又不甘於全力西化，產生對西方又羨慕又憎惡的心理，與此相連的則是許多激烈而簡單化的訴求，共產黨席捲中國，和這一情勢有關。有關「文化危機」的文章（包括該書自序）是對這個現象的揭示和檢討。

至於「歷史人物」，談的都是近現代中國的人物。政治人物方面，主要是毛澤東和周恩來，這是余先生析論中國共產黨的一部分。與前兩本書集中於政治人物不同，這本書還收入了幾篇有關近現代中國學術思想人物的文章，包括曾國藩、魯迅、周作人、郭沫若、林語堂，余先生在這方面也是很有心得的。

現在進入三本比較專門性的學術書籍，首先是《論戴震與章學誠——清代中期學術思想史研究》。這是三民版的六本書中寫作年代最早，專門性最強的一本，也是余先生學術生涯的一座里程碑。余先生研究中國史，是從漢代史起家，他從在香港當研究生的時期進入這個領域，一直耕耘到一九八〇年代後期，最主要的著作完成於一九五〇年代後期和一九六〇年代，涉及文化、思想、社會經濟、中外關係種種方面，大約到一九七〇年代末，他在西方漢學界還有漢史專家的形象，雖然這時他精通多領域的聲譽已經開始傳布了。

余先生於一九六二年在哈佛大學獲得博士學位，之後到密西根大學任教，一九六六年又回哈佛擔任教職。在此前後，余先生把他的研究重心轉到明清思想史，特別是清代思想史，《論戴震與章學誠》於一九七六年由香港龍門書店出版，是他這方面研究成果的一個總結，一九九六年的三民版是修訂二版，對初版頗有補正，可說是這本書的「定本」。

清代是中國歷史上學術最發達的時代之一，尤其以中晚期的考證學最受矚目。中國近代人文學興起之時，由於距離清代很近，加上當時知識分子對「科學」觀念的認知頗受考證學的影響，因此學者對清代學術有相當的興趣。梁啟超（一八七三～一九二九）就撰有《清代學術概論》和《中國近三百年學術史》；余先生的業師錢穆也寫有和梁啟超書同名的《中國近三百年學術史》，是一本經典作品。和先輩的研究相比，余先生的研究有兩大特色。首先是帶進了西方思想史研究取向，特別注意從思想內部演變探尋新思潮發生的緣由，他在《論戴震與章學誠》就對儒學傳統何以從講究天道和心性問題的宋明理學變化成性質差異很大的清代考證，做了「內在理路」的說明。其次，過往研究清代的學術思想，對於重要學者的學術業績和思想都有論述，但是對考證學本身的思想史涵義，比較缺乏明確的問題意識。余先生透過戴震（一七二四～一七七七）和章學誠（一七三八～一八〇一）的學術反思以及他們與當代學界的關係，來探討這個問題，這是本書何以以這兩位作為主題人物的緣故。《論戴震與章學誠》是清代和中國近世思想史研究上的一個突破，不但在余先生個人的學術生涯上有重要意義，它也是中文學界開始受到現代西方思想史觀念洗禮的一個主要泉源，這本書在一九七〇、一九八〇年代是很受學界矚目的。

至於《陳寅恪晚年詩文釋證》，一共結集三次，初版和增訂版分別於一九八四、一九八六年由時報文化出版公司出版，一九九八年的三民版是最後的總結集。這是一本很有影響的書，一九八〇年代初刊的時候，掀動一時之視聽，還引起中共官方主導反駁，餘波延續恐怕有二十年。

這本書起源於余先生〈陳寅恪的學術精神和晚年心境〉（一九八二）一文的寫作。一九八〇年前後，《陳寅恪文集》出版，這是陳寅恪（一八九〇～一九六九）最完整的著作集。一九四九年中共政權建立後，陳先生在出版上一直碰到困難，不但新作不能出版，舊作的整理也無法問世。陳寅恪是二十世紀中國的傳奇歷史學家，他在一九五〇年代中葉以後，放棄研究已久的中古史，在目盲的情況下，由助理協助，改治明清史事，以兩位女子——《再生緣》作者陳端生（一七五一～一七九六）、錢謙益妾柳如是（一六一八～一六六四）——為中心，寫成《論再生緣》、《柳如是別傳》，後者尤其是卷帙浩繁的大著。陳寅恪的改變引人好奇，余先生向來留意陳先生的著作，自己又研究明清史，《陳寅恪文集》出版後，立刻細讀《柳如是別傳》和新刊布的詩作。此外，余先生在一九五八年二十八歲時，看了流傳海外的《論再生緣》油印本，認為這本書不純是客觀研究，而涵藏了有關個人身世與當代時勢的心曲，特別撰寫〈陳寅恪「論再生緣」書後〉，將其表而出之。事隔二十餘年，余先生再讀陳先生新作，一定也有再探其心聲的想法。余先生投入新發布的陳先生著述，還有一個原因，他當時告訴我，他想藉此考驗自己的程度。陳先生不但史學精湛，而且古典文學造詣極深，他的詩風曲折幽深，義蘊豐富，一九四九年以後，由於痛惡中共統治，詩文隱語尤多，加上陳先生是學者，所用典故以及運用的方式和一般人不同，文字索解有困難之處，讀其詩文是有意思的挑戰。總之，由於多重原因，在一九八〇年代初，余先生有一段時間沉浸於陳寅恪的著作，特別是新出詩文。

不過，余先生原來並沒有以陳寅恪為主題再次為文的想法。一九八二年他和《中國時報》金恆煒先生在美國偶爾見面，他向金先生談起陳寅恪的晚年著作以及自己的一些想法，金先生聽了大感興趣，鼓動余先生把想法寫出，表示《中國時報・人間副刊》可以不限篇幅刊出。這就是〈陳寅恪的學術精神和晚年心境〉誕生的緣由。這篇文章其實是對陳寅恪學術、思想、價值的整體討論，特點在於，是第一篇把陳氏晚年詩文當作重要材料的論說。該文刊出後一年多，余先生又專門針對陳氏晚年詩文索解的問題，寫了〈陳寅恪晚年詩文釋證〉，余先生的兩篇文章引出一連串的反應，有不信駁斥者，有問難商榷者，更重要的是，在往後多年有關陳寅恪的種種書寫和議論中（一九九〇年代中國有「陳寅恪熱」），余先生的文章成為必有的背景。在這種情勢下，余先生也陸續寫了一些回應和補充文字，有的並不限於陳寅恪的晚年心境，而涉及他的整個學術和思想生命。《陳寅恪晚年詩文釋證》

的書首有余先生的增訂新版序、〈書成自述〉以及一九八六年版自序，是成書過程的記錄和回憶，讀者可以參看。

《陳寅恪晚年詩文釋證》的內容雖然很多是專門細緻的文史考證，「陳寅恪熱」也退潮多年，這本書仍然具有其命維新的價值。主要的原因是，這是對一位現代中國特殊人物反反覆覆的探討，由於二十世紀中國特殊的歷史以及陳寅恪特殊的人格，陳寅恪的心境表達往往繁複隱晦，需要有偵探式的研究。余先生的努力是值得的，陳寅恪生命中的很多元素有恆久的意義，值得後世的人了解和省思。

最後一本是《猶記風吹水上鱗——錢穆與現代中國學術》，這本書出版於一九九一年，錢先生去世次年，從書題看來，它的性質和前一本《陳寅恪晚年詩文釋證》一樣，探討一位現代中國重要的學術和思想人物。但這本和論陳寅恪的書有三個主要不同。首先是具有私人性質。從余先生的一生看來，現代中國文史學者中，他受三人影響最深：胡適、陳寅恪和錢穆。三人之中，余先生沒有見過胡適和陳寅恪，而錢穆則是他的老師，余先生的中國史學訓練啟蒙於錢先生，錢先生至為器重余先生，兩人情感深厚。這本書只有一篇是紀念文字：〈猶記風吹水上鱗——敬悼錢賓四師〉，其他都是對與錢先生相涉的近代中國學術思想問題的討論，但論述文字的根據，不少來自余先生的親身見聞，也有錢先生的私人信件。就這一點，本書與余先生對陳寅恪和胡適的研究，性質有相當的差異。

其次，本書有關錢穆的討論，以思想或「學術精神」為主。錢穆學問深廣，兼包四部，但根本上是歷史學者，尤其精通學術思想史，在這方面貢獻最大。不過這本書主要討論思想方面的問題，對於錢穆的史學，余先生晚年寫了〈《國史大綱》發微——從內在結構到外在影響〉（《古今論衡》第二十九期，二〇一六年十二月），讀者可以參看。第三，這本書雖然以錢穆為主題，但內容涉及了近現代中國思想史的幾個關鍵問題。〈錢穆與新儒家〉討論一九五〇年代以後在香港和臺灣頗具影響的新儒家，〈《周禮》考證和《周禮》的現代啟示——金春峰《周官之成書及其反映的文化與時代新考》序〉檢討近現代中國的烏托邦思想（此文亦收入《會友集》上冊），〈中國近代思想史上的激進與保守〉則是對近代中國思想激烈化與保守之意義的通盤解說，這篇置於此書，正因為錢穆是保守立場的重要人物。諸篇文章合而觀之，本書頗有思想史的色彩，很適合對近代中國思想有興趣的讀者閱覽。

以上是對三民版余英時先生六書的介紹。這六本書有相當的分量，也投射出余先生一貫關心的許多方面，但整體來說，仍然只是他的業績的一小部分。余先生在〈一生為故國招魂——敬悼錢賓四師〉中說，他的這篇文章「遠不足以概括錢先生在現代中國學術思想史上的貢獻和意義。任何人企圖對他的學術和思想作比較完整的評估，都必須首先徹底整理他所留下的豐富的學術遺產，然後再把這些遺產放在現代中國文化史的系統中加以論衡。這是需要長期研究才能完成的工作。」（《猶記風吹水上鱗》頁十七、十八）這些話的基本意思也可以適用於余先生自己。對於余先生學術和思想的深入認識和評估，也需要很多人的長期努力。這是一筆寶貴的資產。

自序

本書集結了我在一九八八——一九九一這三年間討論文化和思想問題的文字。其中祇有兩三篇短文早於一九八八年。〈論文化超越〉一文是根據一九八八年九月在香港公開講演的紀錄修改而成的。〈中國近代個人觀的改變〉和〈自我的失落與重建〉也是在講詞的基礎上整理成篇的。講詞自然比不上撰寫的文字那樣結構緊湊和推理謹嚴。但講詞也有一個長處，即根據一兩個中心觀點和講演綱要作臨場的發揮，往往能收到思想奔放和視野廣濶的效果。這次收入本書，我對這三篇講詞都曾作了大幅度的修改和增刪，有些講詞不止改動過一次，甚至在校稿時期還不斷字斟句酌，以期儘量減少口語鬆弛的毛病。

本書所收的都是屬於通論性質的文字，學院式的論文概未入選。我不敢用「雅俗共賞」

四個字作選文的標準，我的目標毋寧是「雅俗共解」。我希望沒有受過任何專業訓練但關心中國現代的文化和思想問題的讀者都能看得懂本書所選收的文字。如果允許我說一句坦白的話，這些通論文字實在比學院式的論文更難下筆。每選定一題，我事先都必須廣泛地閱讀有關的參考資料和反覆思量，然後才敢動手。即使有些是平時已讀過的書籍，在寫作時仍然要詳細檢查一遍。由於通論性文字所依據的知識背景遠為廣濶，因此準備功夫往往需時甚多。實際寫作反而是最輕鬆的一步了。本書各文都是卑之無甚高論。我唯一能保證的是我儘可能不說毫無根據或自己並不相信的話。我嚴格要求自己對讀者負責。

本書定名為《中國文化與現代變遷》因是為所收各篇大體都可以包括在這兩個主題之內。但討論中國文化有時不能不旁引西方以資參證；討論現代變遷有時也不免要上溯古代以明源流。更重要的是這兩個主題在本書中不是孤立的，而是密切相關的。本書的主要旨趣正是要從現代變遷中窺測中國文化的新動向。

余英時

一九九二年八月二十三日序於普林斯頓

中國文化與現代變遷

目次

論文化超越

「文化」是什麼？這是很難答覆的問題。現在西方人對「文化」這個名詞用得很濫，人類學家可以分析出一兩百個關於「文化」的定義，而且還不完備。甚至黑社會或吸毒也可以稱之為某種「文化」。在這裏姑且採用最普通的說法，即是一個民族的生活方式，主要是精神生活方面的事，如思想、學術、宗教、藝術之類，而關鍵尤其在「方式」兩個字上。如果用結構功能派社會學的名詞，即相當於「文化系統」(Culture system)，大致以規範與價值為主。一切民族都有大致相同的精神生活——如宗教、學術、藝術之類，但「方式」各有不同。這是我的理解。如果我們把文化和政治、經濟等並列起來，我們要強調的一點是文化也有它相對獨立的領域。這是韋伯(Max Weber)以來所逐漸建立起來的一種共識。

在實際人生中，政治、經濟、文化等當然是互相聯繫，渾然一片的。但分析起來，這幾個主要的生活領域又各有獨立自主的運作規範。說「相對獨立」而不說「絕對獨立」這是因為各領域互相牽涉、相互影響。例如經濟生活有它自己的特殊規律，但這種規律又達不到物理規律那樣高度的穩定性、準確性。這是因為經濟生活免不了受其他領域的干擾。經濟學在所有社會科學中是最接近自然科學那種嚴格性的一門學問。但由於其他生活領域的隨時干擾，經濟學家的預言也往往有失效的情形。這個例子可以說明「人」的科學的麻煩。政治和文化更是如此。不過如果我們細心觀察，政治或文化雖更難找出「規律」，卻也不是雜亂無章，而是各有其運行的規範。例如阿克頓(Lord Acton)的名言：「權力使人腐化，絕對的權力使人絕對的腐化」，便可以說是政治生活中的一條「規律」。但是一般而言，政治或文化較不易接受形式化的系統處理，這樣的「規律」要想加以普遍化、系統化是很困難的。和經濟或政治一樣，文化也是一個相對獨立的生活領域，它影響其他領域，也受其他領域的影響。說文化是一個相對獨立的領域也就是肯定「文化超越」——相對的而非絕對的「超越」。

不幸得很，文化的超越性在近代特別受到普遍的懷疑。即使口頭上有時不得不承認文化也有重要功能的人，在內心深處恐怕仍然是很有保留的。為什麼會有這種情形發生呢？認真解答起來是很費事的。簡單地說，我們必須注視現代「決定論」意識的氾濫。所謂「決定論」即指有些事象本身沒有自性而是被其他的東西或力量決定的。這不是專指馬克思派的唯物史觀決定論而言。唯物史觀不過是其中最著名的一種型態而已。事實上，在各個思想學術的領域內，我們都可以找到「決定論」。但是現代的各種「決定論」又不是任意的，它們的背後有幾個共同的「基本假定」。大致說來，這些「假定」包括：物質決定精神、有形的決定無形的、具體的決定抽象的、粗糙的決定精緻的、下層的決定上層的、卑微的決定高貴的、深層的決定表面的……等等。「決定論」的另一面則是「化約論」，在分析過程中，我們只要把上列的次序顛倒過來便可以完成任務了。不能否認，決定論和化約論在自然科學研究上有其效用和必要性，而且這兩種思想模式也是從科學方面移植到人文方面的。「決定論」在科學上（如物理學）是否成立，以及在那個層次上成立，這只有科學家才能判斷，我在這裏只是要指出：在人文社會科學領域內，「決定論」確實是一個佔有主流地位的觀點。不但如此，「決定論」挾着科學的權威侵入了通俗思想，影響了一般人的觀念。建立在上述幾個「基本假定」上的決定論思潮自然排斥了文化超越的觀念。因此，現代一般人對宗教和一切其他的精神力量都看得很淡，而對於具體有形的東西則加以重視，例如錢或勢（權力）。有錢可以得到你所想要的一切，有權更可以直截了當地為所欲為。這是指一般世俗觀念而言。以中國而言，過去便已有「一朝權在手，便把令來行」和「錢能通神」等等諺語。但在傳統社會中宗教和道德還多少有一些限制作用，使人不敢肆無忌憚。今天則是百無禁忌了。在一般知識界，「決定論」的表現當然不是這樣赤裸裸的，而是以理論的形式出現，例如經濟決定論，或「政治是決定一切的」之類。總之，文化——如思想、觀念等——既是無形的、不可捉摸的、又是可以由人操縱的，似乎只能是被決定的東西。歷史學家也是如此。他們不懷疑思想隨社會經濟的變遷而改變，但一說到思想也有支配社會經濟變動的力量，他們終不免要躊躇不前了。馬克思說哲學的真正任務不是解釋而是改變世界。這句話許多人都引用，但是似乎很少人肯深探其中的涵意。

為什麼「決定論」在現代特別有吸引力呢？這又是一個難以說清楚的問題。我只能在這裏提出一個心理上的解釋。現代社會一方面變得非常複雜，一方面又失去了以前那種整合性的信仰（如上帝、天、天理之類）。個人面對着外面種種巨大的力量，好像一葉扁舟飄盪在暴風雨的大海之上，身不由己。存在主義者所說的惶恐、失落、虛無、焦慮、怖慄等等心理狀態確是真實的。在這種情況下，個人完全沒有安全感，一定要找到某些可靠的東西才能有活下去的勇氣。這宇宙、這社會如果全都是不定的，我們又將何以自處？相反的，如果宇宙是有規律的、社會也是有規律的，那麼只要我們找到了這些決定性的規律，我們的安全便有保證了。我們可以儘量使自己的行為符合規律，宇宙和社會將不復是充滿着危險的陌生處所了。這個心理的解釋並不是我杜撰的。一九五七年在紐約召開的一次有關決定論的哲學會議上，著名的科學哲學家布里格曼 (Percy W. Bridgman) 曾指出：主張決定論的物理學家往往不甘心接受量子力學上的「不定原則」。這種拒斥並非出於科學上的理由，而是出於科學以外的情感原因。愛因斯坦的名言「上帝不擲骰子」便生動地表達了這種情感。決定論的物理學家嚮往着一個「友好的宇宙」，這就必須肯定宇宙具有普遍而永恆的規律性。科學家尚且如此，一般人更可想而知。許多社會科學家和歷史家強調社會發展決定論恐怕也不免夾雜了學術以外的情感動機吧！

我沒有能力也沒有意圖排斥一切「決定論」。我祇希望在史學領域內為人的相對自由和文化的相對超越性保留一點空間。歷史決定論曾經是現代最有力的一種思潮，馬克思主義的歷史決定論在中國更成了「放之四海而皆準」的「真理」。但是歷史發展真是由經濟原因單獨決定的嗎？詳細的討論當然不可能。我願意舉一個眼前的史例以說明除了有形的因素之外，思想的無形力量也會發生改變歷史的巨大作用；人的自由選擇比歷史規律之說有時更能說明問題。文化超越同樣是無法一筆抹殺的客觀事實。第二次世界大戰以後，東歐出現了許多社會主義的國家。難道東歐這些國家有什麼客觀的歷史規律決定了它們非走進社會主義的階段不可嗎？以後幾十年的歷史事件說明：這一發展完全是史達林個人的擴張野心強加於東歐各國的。如果不是蘇聯的武力鎮壓，這些國家早已變色了。特別是一九四九年以後，中國也成了一個共產體制的國家，難道這也是歷史規律自動運行的結果嗎？中國的變動當然是由許多複雜的內在和外在力量共同造成的。但是中國最後採取了這樣一種特殊的政治社會的組織形式難道也是歷史決定論所能說明的嗎？在四十年代末期有什麼客觀的因素（如經濟）決定着中國人非依照蘇聯的方式組織國家不可呢？分析到最後，我們恐怕不能不承認這是文化的力量。共產主義或社會主義的思想從十九世紀末葉便不斷地從西方傳到了中國。由於中國文化的價值取向偏於大羣體，近代知識分子比較容易為社會主義的理想所吸引。中國近代思想界，一般而言，是相當不成熟、相當淺薄的。當許多知識分子在不經深思熟慮的狀態下成為這種思想的俘虜以後，它便變成了一種宗教式的信仰。馬克思主義在西方也是知識分子的宗教——俗世化的宗教，在中國更是如此，它填補了中國近代心靈的空虛。這種觀念一旦征服了許多中國知識分子的心靈，自然便進一步成為他們行動（革命）的指南針。「以俄為師」或「向蘇聯老大哥學習」從此便成了天經地義的「真理」。所以中國今天具有這一特殊的國家社會體制，追源溯始，應該說是文化思想的力量。必須說明，我在這裏只是揭開歷史發展的真相，並不表示任何價值判斷。

以歷史決定論而言，馬克思主義的經濟決定論自然是二十世紀最有影響力的一種思潮。如果嚴格依照馬克思的理論，生產力和生產關係才是歷史發展的真正而唯一的動力，思想和制度則屬於上層結構，是被前者所決定而本身不能發生任何決定性的作用的。但是這樣的理論顯然是無法堅持到底的，因為它與歷史的事實太不相符了。所以恩格斯便早已發覺有修正的必要。在給朋友的信中，他不得不說：在許多情況下，上層結構中的各種成分（如政治結構、宗教觀念、文化傳統等）也在歷史發展中發生重大作用，甚至可以「決定」這些發展的「形式」。但是這種不得已的「修正」只能使人看見原有理論的漏洞，而不能真正解決其困難，因為如果把這一事後加進去的論點加以充分發揮，則經濟決定論便破產了。這也可以說是一切單向度理論 (one-dimensional theory) 所共有的邏輯困難，不僅馬克思主義為然。單向度理論在遇到不可克服的內在困難時，每每採用一種臨時 (ad hoc) 措施，把一個和原有理論不相容的論點加進來，使它成為原有理論系統中的「殘餘範疇」(residual category)。不用說，這種措施是無濟於事的。但是從恩格斯所採取的臨時措施，我們可以清楚地看到，即使是馬克思主義這樣嚴格的決定論也不能不承認「文化」具有超越的力量。馬克思主義在十九世紀已是如此，二十世紀以後更不得不向這一方向發展。六十年代以來的西方馬克思主義的新發展如馬庫色 (Herbert Marcusse) 和亞述瑟 (Louis Althuser) 等人所強調的「異化」、「主體」、「人文主義」等問題，都是在加重文化思想的作用。第二次大戰以後，西方（尤其是美國）的工人階級滿足於現狀，工會也成為資本主義的支持者，這時不滿現況而要求「革命」的只剩下那些「異化」的知識分子了。如果不強調文化、思想可以對歷史起決定性的作用，那麼「革命」又從何處着手呢？

姑不論「新左派」馬克思主義有什麼理論困難，也不論它對思想、觀念的估價是否恰如其分，文化作為一種精神力量在今天顯然是無法否認的。放眼全世界，我們到處都看到宗教力量在復活，民族主義（也就是每一民族的文化傳統）在擡頭。這些都是「文化」推動歷史的證明。伊朗的宗教力量和由之而來的「革命」更顯然是對所謂「現代化」的一種反動。美國應該算是最「現代化」的國家了，但是美國立國精神仍是宗教——清教，今天美國的宗教力量大得出人意外。例如「反墮胎」問題明明是在傳統宗教觀念的支配之下，因為生命是上帝創造的，沒有人有權利奪去未生嬰兒的生命。前年美國大選，墮胎問題是兩黨政綱中一個重要的爭論之點。共和黨反對墮胎固不必說，民主黨雖為窮人說話，也仍然不敢正面主張無限制的墮胎自由。這事件正可說明美國的宗教力量決定着政治方向。

功利意識和重物質的觀念是西方近代思想的一般特色，但在中國現代更為突出。這是因為雙方的文化背景不同。西方一進入近代之後，俗世生活與宗教生活分裂為兩截；西方人在俗世生活中重功利與物質，但他們仍可在宗教領域內接觸到超越的精神。此外西方的文學藝術也都早已分別構成各種獨立的領域，且已形成長久的傳統。所以西方人仍可從這些領域內吸取精神資源以濟俗世生活的偏枯。中國的情況則不同，俗世和宗教（或道德）一直是混而不分的。一旦功利、物質觀念侵蝕了中國文化，整個人生都陷於不能超拔的境地，因為沒有獨立的精神領域可以發揮濟俗的功能。以前曾有人慨嘆現代中國人過分講實際、過分重功利，因而缺乏「敬業」的精神。很少有人真能「為知識而知識」、「為藝術而藝術」或「為商業而商業」，甚至連遊戲都不免帶有其他的目的。（這是蕭公權先生的說法。）這可以說是「工具理性」的最高發展。「工具理性」在西方雖然也大行其道，但是我們祇要一察西方現代思想家對「工具理性」批判之強烈以及為了重建「超越理性」所做的各種努力，便不難發現中西文化在近百年來的差異所在。

民族的長期屈辱使中國人不得不以追求國家的富強為最高目的。這一目的本身自然是高貴的，並且也體現了一種超越的精神。然而僅以富強為目的卻使中國人走上了急功近利和專重物質成就的道路。最有代表性的說法是吳稚暉。他有一段有名的話：現今鼓吹成一個乾燥無味的物質文明，人家用機關鎗打來，我也用機關鎗對打，把中國站住了，再整理國故，毫不嫌遲。這是中國近代思想的一個基調，不過吳老先生的話說得粗率，其他的人說得比較含蓄隱蔽而已。在這個基調中，文化超越的觀念顯然完全被取消了。「用機關鎗對打」當然可以使中國轉弱為強，但是我們怎樣才能有自己的「機關鎗」呢？從這裏可以看出現代中國人對科學的追求主要還是出於功利的動機，而不是對科學知識本身有真正的興趣，更沒有注意到科學背後的文化憑藉。科學是西方文化特顯其超越精神之所在，然而它不是功利思想的產物。相反地，西方人「為真理而真理」的精神才是科學的真正源頭。「真理」的觀念最初出現在希臘哲學中，後來又和希伯萊的上帝觀念結合了起來。牛頓的數學、物理學在當時並沒有什麼實際用途；牛頓研究物理是要證明上帝創造的世界如何完美，現代愛因斯坦也仍然受「上帝」這一觀念的影響，儘管他的「上帝」已沒有牛頓那種濃厚的宗教意味。愛因斯坦後半生拒絕接受量子力學的不確定原則，他所持的理由便是「上帝不擲骰子」。科學的「用」是從「真」衍生出來的，我當然不是說：今天我們要學習西方科學必須先從信仰西方的宗教開始，我只是表示一個簡單的意思，即如果不具備「為真理而真理」的精神，科學是不會在中國生根的。從「機關鎗對打」的意識出發，最多只能把西方的最新科技吸收過來。（今天當然不是機關鎗，而是氫彈了。）科學無疑是「文化超越」的最好見證，它使人超越了自然的限制，但這是從最後結果而得到的說法。追源溯始，我們必須重視科學背後那種超越的精神。

西方文化講求真、善、美，科學是屬於「真」的範疇，而且還不是「真」的全部，除了自然界的真理之外，尚有人文社會界的「真理」問題。自啟蒙運動以來，西方人有一個普遍信念，認為自然科學是人類知識的唯一模式。我們怎樣研究自然，也可以怎樣研究人文，這一信念最近幾十年開始有轉變。現在許多人都認為除了自然科學的知識模式以外，還有人文研究的模式。不過有一點可以肯定，「為真理而真理」的超越態度是兩類知識所共有的。「超越」在希臘文的原義是退後一步看，用中國的話說，便好像蘇東坡所說的「不見廬山真面目，祇緣身在此山中」，也就是先要跳出廬山之外才能見其全貌。

如果再進一步說到「善」與「美」，問題便更複雜了。「善」是宗教道德的領域，「美」

是文學藝術的領域。「善」和「美」的創造也同樣要假定人作為創造主體具有超越的能力。人能從原始的自然狀態中超拔出來，逐步進入文明的歷史階段，是和宗教、道德、藝術等的出現和發展密切相關的。科學有改變世界的力量，這一點大家都看得見，其實宗教、道德、藝術等也同樣在歷史上發生了重大的作用，決不可簡單地看作是社會經濟狀況的反映。不過宗教、道德、藝術等精神力量往往要在一個較長的時期中才能看得出來，不像經濟力量或政治力量那樣直接而具體，所以從急功近利的觀點看，好像無足輕重。其實這些精神力量的巨大是決不容忽視的。自韋伯（Max Weber）以來，許多學人都注意到新教倫理（特別是清教）是資本主義發展的一個重要動力。美國專研究近代經濟史的納夫（John U. Nef）在一九五八年總結一生的心得，特別指出近代工業文明具有一種深厚的文化基礎；他所謂的文化即指宗教、道德、藝術等而言。西方十八、九世紀的工業成就並不是科技所單獨造成的，而是十六、七世紀以來的宗教、道德、藝術和科學互相配合所共同創造出來的。科學也不是孤立的存在，它和宗教、藝術等有密切的關係。所以我們要想把科學從西方搬到中國來，已不能專着眼於科學本身：如果再退縮到純實用的領域，僅求以機關鎗或氫彈和敵人對打，則更是離題萬里了。

肯定文化的超越性以克服淺薄的功利意識和物質意識，這是一切文明社會的共同要求。西方近代社會重視人文或通識教育至少可上溯至文藝復興時代，至今未曾中斷。在科技宰制着世界的今天，美國政府和大學仍然隨時注意人文和科技之間如何求得平衡的問題。最近芝加哥大學的布魯姆 (Allan Bloom) 出版了《美國心靈的封閉》一書，引起了重大的震盪。這本書的爭論很大，因為它的基調是保守的。但它主張西方青年人認真學習希臘古典的智慧，這不能不說是其中一個值得深入討論的論點。我們不必同意布魯姆對於美國思想界的具體批評，但是他強調文學、哲學的修養在現代大學教育中的重要性，則不失為對症下藥。中國古典的教育傳統也特別重視人文教養；不過由於文化體系不同，中國人的修養直接源於道德，而不是從宗教轉手。但在重人文教養一點上，中西似無二致。雙方都深知合理而平衡的社會秩序離不開文化的基礎。西方人所說的「精神資本」(Moral capital) 也就是現代中國人所說的「精神財富」。精神財富和物質財富一樣必須長期培植才能積累得起來。中國古人對這個道理有很深的認識，他們常說的「潛移默化」便相當於今天社會學家所謂價值的「內化」。長期的潛移默化或價值內化會造成一種道德或倫理的規範。如果這種規範大致合乎人性與人情，則可大有助於維持社會的穩定與和諧。所以顧炎武認為中國史上「風俗之美」無過於東漢一代。這是儒家的長期教化的結果。現代有些人提出中國史上有所謂「超穩定系統」，並且想從經濟政治結構方面來加以解釋。其實專以政治、經濟結構而言，中國史亂多於治，至少治亂各半，不能說是「穩定」。如果真有什麼「超穩定系統」，那也當歸之於「文化」，不在政治或經濟。換句話說，文化的超越力量才使中國有一個延續不斷的大傳統。無論我們對這個大傳統採取肯定還是否定的看法，這一歷史事實都是不容懷疑的。

最近一百年來，中國人對文化的超越性似乎逐漸失去了信心，特別對中國文化是不是還具有自我超越的能力，抱着十分懷疑的態度。這一態度上的轉變是有歷史根源的。以往中國雖多次為北方民族所征服，但文化上始終不失優勢。十九世紀中葉，西方勢力侵入中國，局面大變。最初中國人還以為西方的長處只在船堅砲利，因此以為只要「師夷之長技」即可應付；稍後則發現中國的政治制度也比不上西方，因此再進一步要求「變法」。清末民初之際，中國人更進一步了解到：西方的學術和思想也有比中國高明的地方，這就逼出了「五四」時代的思想革命。總之，這幾個階段清楚顯示出：中國人對自己的文化是從局部修改發展到全盤捨棄，對西方文化則從局部吸收發展到全盤擁抱。尤其重要的是：自五四以後，中國人（至少知識分子）逐漸建立了一個牢不可破的觀念，即以為中國文化傳統是現代化的主要障礙；現代化即是西化，而必須以徹底摧毀中國文化傳統為其前提。這可以魯迅的話為代表。青年人向他提出讀書的問題時，他的答案是：中國書越少讀越好，最好是完全不讀；要讀便讀外國書。這個觀念對「五四」以後一代青年的影響力是很大的，因為正符合他們的基本心態。「五四」以後，雖然也有人為中國傳統辯護，但新一代的知識分子大都嗤之以鼻，不加理會。

「五四」所提倡的新文化或新思潮自然是有重大意義的事。但是新思想的建設沒有捷徑可循，只有長時期的沉潛研究才能取得真實的成績。歐洲啟蒙運動足為我們的榜樣。西方的科學、哲學、文學、史學在整個啟蒙時代（十八世紀）都有突破性的發展；這種發展最初限於學術思想界，但不斷地擴散到全社會。正是由於這一精神基礎的建立，才有十八世紀末葉的西方民主革命。我們只要把美國一七七六年維州的《權利宣言》和一七八九年法國的《人權宣言》加以對照，便不難看出：美法兩大革命是啟蒙思潮的結晶。這又是文化具有超越力量的另一證明。不幸中國在近百年中始終沒有沉潛發展文化的機會，包括知識分子所心醉的西方文化在內。讓我們姑且假定中國人可以完全拋棄自己的文化傳統，並且在基本價值上完全能够接受西方文化。要做到這一點至少必須對西方文化有徹底而全面的認識。試想這是多麼巨大的工程。「五四」時代提倡「科學」和「民主」始終未曾超過喊口號的階段。對於西方科學和民主背後的文化成分——宗教的、哲學的、歷史的等等，我們的知識幾乎是等於零。後來中國知識分子轉向西方的社會主義的理想，特別是馬克思主義。一般人都知道馬克思主義有三個思想來源：德國唯心哲學、英國古典政治經濟學和法國烏托邦社會主義。這是根據列寧的說法而照本宣科。其實，馬克思主義又何止這三個來源？我們似乎忘記了馬克思是猶太人，儘管馬克思在顯意識中是一個無神論者，但他在潛意識中的猶太宗教和文化成分是絕不容忽視的。他以猶太人而取反猶太的態度，然而猶太文化仍在暗中支配着他的思維模式，這一點近來已有人研究，其實羅素已指出馬克思的共產主義和天主教極其貌似，不過把「上帝」改成了「物質」而已。中國現代知識分子又有幾個人曾深探馬克思主義的來源？即使是史達林所說的三個來源又何嘗有人好好的清理過？我們不應該責備中國知識分子「膚淺」，因為這是近百年來大環境不容許人們潛心研究。（李澤厚所說的「救亡」心態。）然而「膚淺」確是事實。所以我們對「民主」、「科學」、「社會主義」的理解其實大部分是中國舊觀念的現代化裝。例如梁漱溟先生在他最近出版的回憶錄中便說：他最初接觸到社會主義思想時便為其廢除私有財產制的觀念所吸引。他從此便醉心於社會主義。梁先生的自白非常有代表性，證明中國知識分子接受社會主義是以儒家公、私及義、利之辨為根據的。換句話說，社會主義被理解成「天下為公」一套道德理想；資本主義則被看作一種代表「自私」的經濟制度。稍稍熟悉中國傳統的人當可看出此中關鍵所在。中國知識分子拼命想擺脫傳統、擁抱西方，但始終未能跳出傳統的思維模式。他們的建築材料（從語言到觀念）全是從西方輸入的，然而建築師並沒有真正深入過西方式的建築物，更不了解其內在結構和關係，所以造出來的仍然是中國式的房屋。通過中國傳統的思想格局去接受西方文化並不限於社會主義一項，其他如「民主」和

「科學」也未嘗不如此。這在文化交流的初期是不大能避免的，如佛教初來時有「格義」之法，即通過老莊的範疇來解釋佛理。但佛理只和個人信仰有關，理解偏差了不致有太嚴重的後果。現代中國人接受西方文化卻不然；他們是要即學即用的。以數億人的大國任意作西方某些觀念的實驗場所，一旦失敗了，其後果是不堪想像的。這使我想起了一九五九年周揚和陳寅恪的一段對話：陳寅恪問周揚，為什麼半年以前新華社廣播說大學生教學比老師還好，後來又說學生應該向老師學習？周揚回答說：新事物要實驗，總要實驗幾次。革命，社會主義也是個實驗。陳寅恪不滿意這個答案，他認為實驗是可以的，但尺寸不能差得太遠。陳寅恪和周揚之間的分歧給我們以深刻的啟示：一個是對中國文化有最深切體會的史學家，一個是自信已得到「西方真理」——社會主義——的革命家。因此前者不免憂慮尺寸差得太遠的觀念對中國文化所造成的傷害，而後者則迫不及待地要在中國實驗他所理解的社會主義。依時間推測，陳寅恪所深引為憂的恐怕還不是學生比老師更能教學的問題，而是當時進行得如火如荼的「大躍進」和「人民公社」。這一類大規模的實驗正是從誤解或歪曲馬克思主義而來。（這些實驗在當時都是有所謂「經典」根據的，如「公社」即借用「巴黎公社」之名。）

中國人在「救亡」心情下要求以西方「真理」來徹底而迅速地改造中國。康有為「上皇帝書」便說：「守舊不可，必當變法。緩變不可，必當速變；小變不可，必當全變。」這是近代中國知識分子的基本心態，一直到今天都還不失其代表性。依照這種心理發展下去，革命便成了唯一的「救亡」之道。一旦「革命」登場，政治（包括軍事）力量便必然上升到主宰的地位，而文化力量則退居於無足輕重的位置。長期的「革命」最後使許多人相信「政治是決定一切的。」

革命是以政治暴力改變現狀，其效果是直接的，真可以說是「立竿見影」。革命可以摧毀舊政治秩序，並建立新政治秩序。但這種變動只是表面的、形式的；一個社會和其中的無數個人是不是在政治結構改變之後便能在一剎那間完全脫胎換骨，恐怕今天誰也不敢作肯定的答覆。由於革命本身所帶來的精神亢奮和革命暴力的繼續使用，政治力量在革命政權成立的最初時期依然會給人一種「一抓就靈」的實感。這是因為有些人震於革命的「威」而心折，有些人則怖於革命的「勢」而屈身。「政治決定一切」的觀念便由此而深入人心，但其實祇不過是一時的幻覺。時間稍久人人都會發現：政治力量所造成的改變僅限於表象，實際上無論是經濟、文化、社會或心理等等問題都不是政治所能解決的。中國近幾十年「政治決定論」大行其道，直到最近幾年才有改變的跡象，但餘毒並未完全消盡。在「政治決定論」籠罩之下，文化的超越性竟已成為一個不敢見人的觀點。任何人立論稍稍接近這種觀點便必然會被戴上一頂「唯心論」的帽子。

以上我是根據歷史來說明為什麼文化超越的意識在中國近代和現代不能擡頭。這個歷史的教訓是深刻的；中國已為這一教訓付出了巨大的代價。但今天中國已沒亡國滅種的危機，是可以平心靜氣地重新認識文化問題的時候了——包括西方文化和自己的文化在內。今天中國的危機毋寧是文化的危機。這個危機至少包括兩個方面：客觀方面，中國在過去三、四十年中把過去的文化積存幾乎蹧蹋光了。我們應該承認，中國人在近百年中前仆後繼地進行保衛國家和革命的事業，主要是憑藉着民族文化的力量。在這一點上，中國知識分子的貢獻是不可抹殺的，因為歷次愛國運動和革命運動，其領導階層都是知識分子。這不是否認人民羣眾的巨大作用，而是恰如其分地肯定知識分子的歷史成就。據說毛澤東在私下說過：「所謂羣眾運動其實是運動羣眾。」誰來運動羣眾、組織羣眾呢？還不是那些先知先覺的知識分子嗎？但是從五十年代起，中國知識分子遭到了從所未有的屈辱和迫害，他們的理想和熱情早已蕩然無存了。我在七、八年前曾說過，老一代的中國知識分子大都是以平靜的心情等待生命的終結，中年一代的有的徬徨苦悶，有的隨世浮沉，年輕的一代則或者腐化頹廢、或者憤世嫉俗、或者各謀一己的前程。這個觀察，我自覺在今天還未失效，甚至更嚴重了。在主觀方面，今天的文化危機特別表現在青年知識分子的浮躁心理上。他們是少數尚有理想、尚有熱情的人，也是中國未來的希望所寄。他們浮慕西化而不深知西方文化的底蘊，憎恨傳統而不解中國傳統為何物。他們的思想境界沒有超越「五四」人物，但以中西學術的修養而言，又遠不及「五四」先輩那樣堅實。「五四」人物反傳統、倡西化，在當時是有歷史背景的。例如「禮教吃人」之所以能打動人心是因為當時還有人忍心逼未婚女兒自殺殉節，以求政府的旌表。今天中國已沒有這種「禮教」的傳統。今天的桎梏力量主要出於五十年代從蘇聯搬過來的新傳統。我們不能把「馬家店的新名教」和「孔家店的舊名教」混為一談。青年知識分子因為不敢公開地反現實而拉出中國文化和儒家傳統來作替死鬼，這種作法在主觀用心上固然值得同情，但在客觀效果上則不免令人擔憂。首先，新名教和舊名教即使有某種思維結構上的關聯，兩者的思想實質卻截然不同。舊名教的社會經濟基礎和制度根據在近百年的革命過程中已蕩然無存，一九四九年以後更受到有系統的徹底清除，並為另一型態的基礎和根據所完全取代。試問在這種情況之下，舊名教在中國還有存在的空間嗎？今天的文化批判者放過了新名教，而把一切苦難和罪惡仍歸之於舊名教，這會有助於新文化的建設嗎？不但如此，文化批判者的遷怒甚至從舊名教擴大到整個中國文化及其源頭（如最近「河殤」所表現的心態），這符合現代人對知識必須「實事求是」的要求嗎？

其次，今天中國文化批判者所採取的批判方式正是新名教家在過去三、四十年中所建立的。新名教家在以往權力爭奪中遭遇到任何不順最後都必然遷怒於中國傳統，所以「批林」一定要牽連到「批孔」。如果今天的文化批判者不是「遷怒」而是「指桑罵槐」，也就是說他們是自覺地假借「舊名教」來譴責「新名教」，那麼他們也仍然是師法新名教家「影射史學」的故智。如果文化批判者的主觀願望竟能實現，我們有一切理由相信：中國將再一次出現「以暴易暴」的局面。

我已說過，對於中國青年一代文化批判者的基本用心，我們是十分同情的。我們絕不懷疑：他們對中國傳統的徹底否定是由於愛之深而責之切。但是這裏有兩個問題：第一、這種不加分析的否定是黑格爾所說的「抽象否定」(abstract negation)而不是「具體否定」(concrete negation)，祇有「具體否定」才能完成文化超越的任務，使中國文化從傳統的格局中翻出來，進入一個嶄新的現代階段。「具體否定」包括吸收西方文化中的某些成分（例如「認知主體」、「政治主體」）和發揮中國文化中那些歷久而彌新的成分（如「道德主體」、「和諧意識」），但更重要的則是培養和發掘中國本有的精神資源以為接引和吸收新資源的保證。（詳情此處不作討論。）如果一味走「五四」以來「抽象否定」的道路，要完全「破舊」之後才能「立新」，我們將永遠陷入一個惡性循環，無由自拔。第二、我們應該重視韋伯所提出的「責任倫理」和「意向倫理」的區別。韋伯論政治家的專職時，認為兩者不可偏廢。從事政治工作的人不能僅僅自以為「動機」或「用心」是好的便可以把一己的政策強加於整個社會，他同時必十分慎重地考慮到這一政策所將發生的社會後果。這是政治家的責任所在。中國現代的文化批判者是以改造整個中國為職志的，他們比政治家的責任更要沉重。中國人對於「立言」一向注重責任感。孔子早已有「一言可以興邦」和「一言可以喪邦」的警告。說實在的，中國今天弄成這種局面，正是由於「立言」者缺乏「責任倫理」之所致。「立言」者如此，「立功」者更是如此。（前引周揚與陳寅恪的對話可為一例。）在一個已有共識而久已安定的社會中，放言高論尚無大礙，因為這樣的社會有自我調節的功能，人民有文化典範可依，也知所抉擇。但不幸近百年來中國始終在動盪之中，文化上從來沒有形成一個共同接受的典範。由於對現實不滿，越是驚世駭俗的偏激言論便越容易得到一知半解的人的激賞。一旦激盪成為風氣之後，便不是清澈的理性所能挽救的了。

我個人相信文化有超越的力量。但是近百年來，由於種種內外因素，中國人在文化上竟失去了這一超越的能力。自覺或不覺，許多人——尤其是在文化和政治上最為活動的人——都轉而相信「政治力量」可以決定一切，這是中國悲劇的一個主要造因。文化要求理性與情感的平衡，而現代中國則恰恰失去這個平衡。各種強烈的情感——民族的、政治的、社會的——淹沒了中國人的清澈理性。怎樣恢復這個理性？這首先是知識分子的責任。個別的知識分子都有一種無力感，覺得自己面對巨變，無可奈何，因此毫無顧忌地發為激越的言論。但無數個別激越言論的集合最後終於造成一種共同的「聲勢」。另一方面，社會上永遠有一批政治野心家等在那裏，他們屬於邊緣知識分子，不能自造「聲勢」，但卻最擅於利用已成的「聲勢」，這幾乎成了中國近代和現代史上的一個規律。知識分子的「無力感」也加深了他們對於「文化超越」的懷疑，因而更助長了「政治決定論」的普遍意識。中國現代知識分子的命運誠然是值得同情的，但這種命運又在很大的程度上是他們的「無力之力」所造成的。這是絕大的歷史諷刺。所以知識分子僅以「批判」自豪是不夠的，他們必須進一步進行「批判」的「批判」，包括對於自己那種「無力之力」的深刻認識。王國維早就說過：現代知識分子懷疑一切，然而卻從不懷疑自己立論的根據。這是「文化超越」的最後一關。能不能突破這道最後的關口，命運仍然掌握在知識分子自己的手中。

文化評論的回顧與展望

「文化評論」可以說是今天世界上最受注目的一種思想活動。對於中國知識分子而言，文化評論尤其容易引起親切之感，因為整個二十世紀他所從事的工作大部分都可以概括在文化評論這一範疇之內。「五四」號稱為「新文化運動」，當時人對於中、西文化展開了極其廣泛的評論。但早在「五四」以前，報章雜誌上已不知刊出了多少篇有關東西文化的評論文字了。文化評論作為「五四」的餘波一直延續到三十年代的中葉，然後在五十和六十年代又重新在臺灣和香港燃燒了起來。

一九四九年以後，中國大陸上由於思想定於一尊，文化評論基本上中斷了。但是中國知識分子的文化評論的衝動並沒有消失，不過是被壓抑了。終於在八十年代，隨着開放政策的實行，這一股長期積壓的衝力像洪流一樣破堤而出。這才產生了所謂「文化熱」現象：「文化熱」的最後結晶是轟動一時的電視創作——「河殤」。這是對於中、西文化的整體評論。

二十世紀中國的文化評論有它的特色，但也有它的內在限制，這兩方面是一直交織在一起的。我們不妨略舉兩三端。第一是它的焦點始終放在中西文化的異同和優劣上面，而且壁壘分明。大致說來，比較激進的人偏向西方文化，比較穩健的人則左袒中國文化。但因此文化評論變成了文化表態，雙方爭辯雖然有時很激烈，卻並沒有取得真正的溝通。第二是宏觀的取向，評論家對中西文化都表現出一口吸盡西江水的氣勢。不可否認的，宏觀的文化論斷是很必要的，而且也是很有用的，因為它可以使我們抓住文化整體的特徵。但是如果我們長期停留在宏觀的層面，而不進入微觀分析的領域，則我們將會流入空洞與抽象。前面所提到的以文化表態代替文化評論的趨向也與此有關。第三、中國的文化評論往往是政治評論的偽裝，這是一黨專政的政治壓迫所造成的。五、六十年代臺灣的文化論戰，八十年代的「文化熱」，特別是「河殤」，都是最明顯的例子。

以往的成績和限制告訴我們：文化評論今天已進入了一個嶄新的時代，我們已不能自限於從「五四」到「河殤」這一傳統之內了。下面我想談談今天文化評論在西方世界的一般狀態，以為借鏡。但是我祇能就我個人所接觸到有限範圍略作推論，希望讀者不要求全責備。

文化評論在西方還是很新的觀念，雖然在事實上這種活動早已存在。五十年代中期我初到美國的時候，「文化」這個名詞主要流行在人類學家之間；功能學派的社會學家（如帕森思）還留給文化以分析的地位，其他社會科學家則很少認真地討論文化問題。所以那時只有政治評論、社會評論、文學評論，而沒有文化評論。西方最引人注意的一次文化評論，從我記憶所及，大概要數英國斯諾 (C. P. Snow) 關於「兩個文化」的演講。那是一九五九年的事，斯諾評論「科學的文化」和「文學的文化」之間已完全失去溝通，而且距離越來越大。他認定這是極不健康的現象，必須趕快改正。這篇演詞不料竟引起全世界的注意，在英國更激起了無數的辯論。一九六三年斯諾又補寫了一篇長文答覆他的批評者，並對原講詞的論點有更進一步的發揮和修正。

這是西方在五十年代以後最重要的一場文化評論，但集中在一個比較具體的問題上面。全面的發展還要等到七十年代以後才真正來臨。

今天文化評論在西方已大有無所不在的趨勢，所謂無所不在可以這樣解釋：即在思想方面能激起讀者熱烈而廣泛反響的着作，無論來自哪一門學術專業，幾乎十之八九都可以劃入文化評論的範疇之內。例如史學家懷特 (Hayden White) 在一九七八年出版的一部論文集 (*Tropics of Discourse*) 便以「文化評論集」(Essays in Cultural Criticism) 為副題，他所以採文化評論之名便是因為集中所研究的雖然是現代思想或觀念，但全書主旨則在打通史學、文學批評、哲學以至人類學等各種門戶，以建立一種通識之學，遍及文化的各個方面。又如哲學家饒特 (Richard Rorty) 自七十年代以後的許多著作（最近的一本是 *Contingency, Irony, and Solidarity*，出版於一九八九年）也是朝着文化評論的方向走，他一直認為分析哲學已走到了盡頭，在所謂「後哲學文化」中，繼之而起的是文學評論、社會科學的詮釋化之類。他正確地指出今天「文學評論」的範圍已擴大到一切作品，包括哲學、神學、社會理論、革命綱領等方面，早已不是舊日「文學」的概念所能容納的了。因此他建議「文學評論」應改稱為「文化評論」(culture criticism)。另一位專業哲學家泰勒 (Charles Taylor) 不久前剛剛出版一部大書，討論現代西方的自我問題，頗受時流推重。此書一變分析哲學的枯燥與專技面貌，即使不專治哲學的人也可以讀得津津有味，其原因便在於它取材廣博，遍及於宗教、文學、社會學等，而又能扣緊關於人生意義的哲學問題。所以它也是一本文化評論的作品。上面不過隨手舉例，以見文化評論之無所不在。其他各專業中類似的東西實在不勝枚舉。德國哈伯瑪斯的社會科學專着、法國德立達的文學評論之作，所以在英、美風行一時，也是因為它們從不同的角度進入了文化評論的新園地。美國著名的文學理論家赫爾希 (E. D. Hirsch, Jr.) 更直接插手文化評論，他在一九八七年所寫的《文化識字論》(*Cultural Literacy*) 竟和布魯姆 (Allan Bloom) 的《美國心靈的封閉》同時轟動了文化思想界，成為當年的暢銷書。

為什麼文化評論今天成為人文社會科學各專業的總匯之地呢?為什麼激進派、保守派、自由派的思想家和作家最後都把目光集中在文化這一領域呢?這些問題當然不是這篇短文所能解答的。我在這裏姑且提出幾個簡單的觀察。文化評論的興起說明了西方學術思想界在最近二十年間發生了重大的變化。首先是思想、觀點的多元化。二十世紀中葉佔主流地位的實證主義（科學主義）、西方中心論等觀點自六十年代末以來受到嚴重挑戰。在這一方面「新左派」的出現是起了重要作用的，西歐詮釋學的新發展也有很大的影響。隨着觀點的多元化，文化多元或分歧的觀念逐漸受到重視。人類學家對於文化多元論的流行貢獻最大，但「文化」已不限於民族或社羣，而可以指人類活動的各種精神層面，所以「科學文化」、「文學文化」、「政治文化」、「宗教文化」等名詞才大行其道。其次是思想觀點的多元化引起各專門學科之間互相溝通和對話的需要。在學術分工日趨專門化的今天，外行人已不可能聽得懂內行人的話，因此溝通和對話無法在任何一門專業領域內進行。如果大家要找一個超越的領域進行溝通和對話，則「文化」是唯一可能的選擇。例如哈伯瑪斯所要建立的「生活世界」(lifeworld) 即是說話人和聽話人會面和溝通的一個「超越場所」(transcendental site)。而他的「生活世界」正是由語言和文化兩者構成的。（見 *The Theory of Communicative Action*，第二冊，頁一二四－一二七）

我的第三點觀察是現代西方學術思想界對於文化這個精神領域越來越重視。這也是文化評論今天特別流行的一個內在因素。我們不能在這裏討論文化的定義問題，因為這是徒勞的事。早在五十年代人類學家分析「文化」一詞，已列舉了一百六十多個用法，今天更不知要添多少倍了。但一般而言，多數人都同意文化是與信仰和價值有關的一套意義系統和象徵系統。所謂對文化越來越重視，即承認文化是一獨立自主的力量，不是社會經濟制度或政治權力的寄生物。過去在實證論主流支配之下，文化一向是被認為沒有自主性的，因為它是被社會、經濟或政治——分別地或共同地——決定的。實證論的社會科學家和更極端的馬克思主義者都是如此。自實證論的主流逐漸衰退以來，文化的自主性便日益受到肯定。甚至主流派的社會學家如帕森思和馬克思主義者如義大利的葛蘭西（Antonio Gramsci）也都先已為文化自主說鋪了路。帕氏劃分文化系統與社會系統，至少承認文化在分析層次上有自主性。葛氏因為看到無產階級心甘情願地（至少不自覺地）依附於資產階級的統治思想之下，於是提出了「文化霸權」（或意識型態霸權）之說。不過分析到最後，帕氏仍以社會系統是更為基本的，葛氏也逃不出下層基礎決定上層建築之說。文化自主的觀念在他們那裏還是建立不起來。近二十年來，情況則大為改變。誠如一位社會學家所說：

最近文化研究的發展已匯流了？即強調文化是自主的，而不是社會結構的從屬物；意識型態或信仰系統的意義也決不能由社會行為上得到解釋，而必須把它當作一種獨立的系統或類型來加以研究。（見 Jeffrey C. Alexander and Steven Seidman 合編《文化與社會》，劍橋大學出版社，一九九〇年，頁二五）更有趣的是最近五、六年剛剛興起的一個左翼的文學評論的流派——新歷史主義派——竟也把文化提升到決定一切的高度。所以懷特（Hayden White）批評道：新歷史主義所說的歷史系統即是文化系統。他們把社會制度與實踐，包括政治在內，都看成是這個系統的功能，而不是相反的情況。（見 H. Aram Veeser, ed. *The New Historicism*，一九八九年，頁二九四）前面已指出，懷特本人便是一位文化評論的健將，但他也感覺新歷史主義未免走得太遠了。

上面的簡略的討論大致有助於說明今天西方文化評論在學術思想史的一些根據。但更重要的還是現實人生上的根源。西方，尤其是美國社會在最近二十年來確有人生意義的重大危機。「意義」的問題最後必須訴諸「文化」才能進行有效的討論。文化評論顯然是和意義的危機分不開的。例如宗教問題、大眾文化問題、意識型態的終結的問題（以及兩年前美籍日人福山 Francis Fukuyama 所提出的「歷史的終結」的問題）等都是文化評論中爭辯得最熱烈的題旨。這些問題顯然都在西方人的現實人生中佔據着中心的位置，並不是學院派的知識分子無中生有造出來的。例如宗教直接涉及墮胎和教育之類實際問題，自然是人人都不肯輕易放過的。最後，還有現代主義和後現代主義之間的爭辯更是今天西方文化評論的一大核心。這個問題實際上涉及道德秩序的解體和重建，因此自七十年代至今從未停止過。現代主義代表啟蒙運動以來所追求的理性、科學、進步、秩序，但顯然是以西方為中心；在後現代主義看來，這是西方白人文化的「霸權」或資本主義的世界宰制。後現代主義對此作正面抗爭，於是走上另一極端，要打破既成的一統局面。美國後現代主義者不是脫離現實而清談，他們的抗爭也是有現實社會基礎的。這個基礎便是各種邊緣的社羣，如婦女、黑人、同性戀者等要爭取他們的政治權力、合法性、文化上的發言權之類。這種抗爭之所以最後以文化評論為主要戰場，則是因為他們認識到文化本身是一個巨大的自主的力量。許多問題在表面上看來似乎是政治、社會問題，但分析到最後還是文化的力量在無形中起着主宰的作用。因此他們往往並不直接訴諸政治行動或社會行動來抗爭，更不認為暴力可以解決任何實質的問題。文化評論在短期內雖然好像離題甚遠，但往長遠處看卻是最有效的方式。

但是每一個社會都有自己的特殊文化背景和文化問題。我在前面說過，西方的文化評論對於中國有借鑑之用，卻不足以成為亦步亦趨的模仿範本，上面提到的一些西方現象似乎在大陸和臺灣都已有了翻版，而尤以臺灣為甚。然而文化評論是今天最能發揮創造力的所在，如果中國的文化評論者從分析範疇、語言，到實質問題都一切向西方照抄，那便失去文化評論的意義了。

時報文學獎增設「文化評論獎」是一個創舉，我誠心地盼望着中國知識分子在這塊新園地上盡量發揮他們的創造力。

中國知識分子的邊緣化

我想借這個機會提出一個比較有趣的問題，供大家討論。這個問題——中國知識分子的邊緣化——牽涉的範圍太廣，而我自己的思考也遠遠未達成熟的地步。現在我祇能寫出一個簡單的提綱。我的目的是在提出問題，因為我也沒有自信這裏的提法是否合適。文中所表示的看法都屬未定之見。尤其要聲明一句的是：我所想做的是儘量客觀地展示歷史的問題，不是下價值判斷。這裏並沒有「春秋筆法」。

本文分三節：㈠從士大夫到知識分子。㈡知識分子與政治權力。㈢知識分子與文化邊緣。

從士大夫到知識分子

中國傳統的士大夫（或「士」）今天叫做知識分子。但這不僅是名稱的改變，而是實質的改變。這一改變其實便是知識分子從中心向邊緣移動。

在中國傳統社會結構中，「士」號稱「四民之首」，確是佔據着中心的位置。荀子所謂「儒者在本朝則美政，在下位則美俗」大致點破了「士」的政治的和社會文化的功能。秦漢統一帝國以後，在比較安定的時期，政治秩序和文化秩序的維持都落在「士」的身上；在比較黑暗或混亂的時期，「士」也往往負起政治批評或社會批評的任務。通過漢代的鄉舉里選和隋唐以下的科舉制度，整個官僚系統大體上是由「士」來操縱的。通過宗族、學校、鄉約、會館等社會組織，「士」成為民間社會的領導階層。無論如何，在一般社會心理中，「士」是「讀書明理」的人；他們所受的道德和知識訓練（當然以儒家經典為主）使他們成為唯一有資格治理國家和領導社會的人選。「士」的這一社會形象也許祇是「神話」，也許祇能證明儒家作為一種意識型態在中國文化傳統中特別成功，但這不是我所要討論的問題，我想這一形象足以說明一項基本的歷史事實：在傳統中國，「士」確是處於中心的地位。

但是進入二十世紀，中國的狀況發生了劇烈的變化，「士」已從這一中心地位退了下來，代之而起的是現代知識分子。後者雖與前者有歷史傳承的關係，然而畢竟有重要的差異。如上所述，「士」在傳統社會上是有定位的；現代知識分子則如社會學家所云，是「自由浮動的」(free-floating)。從「士」變為知識分子自然有一個過程，不能清楚地劃一條界線。不過如果我們要找一個象徵的年份，一九〇五年（光緒三十一年）科舉制度的廢止也許是十分合適的。科舉既廢，新式學校和東西洋遊學成為教育的主流，所造就的便是現代知識分子了。清末有一則趣聞可以象徵從士到知識分子的轉變：

> 光緒三十年後，開考試東西洋遊學生之例，由考官會同學部，考取遊學之畢業生給以進士、舉人，再經廷試，高第者授翰林院編修檢討，數年間至百餘人，一時稱為洋翰林，謂其皆學自外洋而來考試，與未出國之翰林有異也。恰是時湖南王闓運年

逾七十，以宿學保舉，於光緒三十四年授為翰林院檢討，正值遊學生之進士頗多，王曾有句云：「已無齒錄稱前輩，尚有牙科步後塵。」上句言科舉已停，已無齒錄之刻、翰林前輩之稱，下句謂遊學生考試有醫科進士，而醫科中有牙科也。此老滑稽，傳為笑談。（見商衍鎏《清代科舉考試述錄》，頁三四〇）

此事之所以可笑正由於科舉出身的「士」和遊學歸來的知識分子截然不同，混在一起實在不倫不類。王闓運可以說是傳統士大夫的一種典型，但試以從英國遊學歸來的「工科進士」丁文江為例，他正是一位不折不扣的現代知識分子，他們兩人之間的差異是極其顯著的。一九一二年民國創建，翰林、進士、舉人都成為歷史名詞，士大夫的來源枯竭了，從此以後便衹有知識分子了。

但是政治制度的崩潰並沒有立即在社會結構方面引起重大的改變，更沒有觸動社會心理。因此在民國初期，中國社會仍然尊重知識分子如故，而知識分子也保存了濃厚的士大夫意識。大體上說，從十九世紀末年到「五四」時期是士大夫逐漸過渡到知識分子的階段，邊緣化的過程也由此開始。但是在這二、三十年中，我們卻看到知識分子在中國歷史舞臺上演出一幕接着一幕的重頭戲。他們的思想和言論為中國求變求新提供了重要的依據。其中少數領袖人物更曾風靡一時，受到社會各階層人士的仰慕。所以在這個過渡階段，中國知識分子不但不在邊緣，而且還似乎居於最中心的地位。

但是這一短暫的現象並不足以說明知識分子的社會地位，它毋寧反映了士大夫的落日餘暉。當時一般社會人士是以從前對士大夫的心理來期待於新一代的知識領袖的。而剛剛從士大夫文化中轉過身來的知識分子也往往脫不掉「當今天下，捨我其誰」的氣概。梁漱溟先生在一九一八年寫過一篇文章，題目是〈吾曹不出如蒼生何！〉，這是典型的士大夫心態，現代知識分子決不可能有這樣的想法。梁先生一生都體現了這一精神。事實上抱這樣態度的人決不止梁先生一人，他不過表現得更為突出而已。胡適在美國受過比較完整的現代教育，他在提倡白話文時也明白反對過「我們士大夫」和「他們老百姓」的二分法。但是他後來在討論中國的重建問題時，稍不經意便流露出士大夫的潛意識，所以他把日本的強盛歸功於伊藤博文、大久保利通、西鄉隆盛等幾十個人的努力。言外之意當然是寄望於

中國少數知識領袖作同樣的努力。(見《信心與反省》)

必須說明，我並不是責備當時的知識分子，說他們不該有這樣的心理。從他們的文化背景來說，這種心理是很自然的，而且也是很難避免的。我祇是指出一個歷史事實，即這些早期的知識分子並沒有自覺到：他們提倡各種思想文化的運動之所以獲得全國的熱烈反響，除了因民族危機而產生的種種客觀條件之外，在很大的程度上還托庇於士大夫文化的餘蔭。「五四」運動便是一個例子，胡適在答梁漱溟的一封信中曾說：「當北洋軍人勢力正大的時候，北京學生奮臂一呼而武人倉皇失措，這便是文治勢力的明例。」(見《我們走那條路？》附錄)我覺得「文治勢力」是一個未經分析的模糊概念。嚴格說來，北洋官僚和武人都是清代傳統的產品，多少還保留了一點「士為四民之首」的觀念，而且康有為「公車上書」的記憶猶新，他們對於知識領袖和學生的憤怒抗議是不能不有所顧忌的。

到了二十年代末期，士大夫文化基本上已消失了，知識分子正迅速地邊緣化。但經歷了過渡時期短暫餘暉的人卻往往以邊緣的身分念念不忘於中心的任務。事後回顧便顯得十分不調和了。例如一九三二年孟森在《獨立評論》上寫了一篇〈士大夫〉的論文，他仍然希望中國能產生一批新的「士大夫」，足以構成社會的重心。他說：

士大夫者以自然人為國負責，行事有權，敗事有罪，無神聖之保障，為誅殛所可加者也。

不難看出，孟森的「士大夫」已經過了現代化，因此是沒有任何特別豁免權的，但「士大夫」的本質依然未變，他還是「為國負責，行事有權」的。這個原則在當時不但與政治現實格格不入，而且也得不到新一代知識分子的同情了。「士大夫」觀念的徹底死亡大概是四十年代的事。聞一多、吳晗在左傾以後對「士大夫」的譏笑和辱罵具有象徵的意義。這時知識分子早已放棄了對中心的幻想並且心甘情願地居於邊緣的位置了。

知識分子與政治權力

知識分子的邊緣化表現得最清楚的是在政治方面。戊戌變法時代的康有為、梁啟超無疑是處於政治中心的地位，但是在孫中山所領導的革命運動中，章炳麟的位置已在外圍而不在核心。據章氏的《自編年譜》，孫中山最喜歡接近是會黨人物，對於知識分子像宋教仁和章氏本人，孫中山並不特別重視。這一點和中國的政治傳統有關，不能不略作交代：中國史上所謂改朝換代和現代所謂革命都不是知識分子所能辦得了的。「秀才造反，三年不成」這句諺語確有它的真實性。中國史上的成王敗寇大致有一個共同的特徵，即其人多為社會邊緣的人物。近人張相輯了一部《帝賊譜》，可以使我們看到他們的社會背景。清初呂留良曾大膽指出，歷史上所謂「創業垂統」的英雄其實多是肆無忌憚的「光棍」。這個道理本是很淺顯的，無論士、農、工、商那一行業中人，祇要稍有所成，是很少肯去冒險「打天下」的。今天許多史學家研究「農民革命」，但帶頭鬧事的極少是本分的農民。相反的，在士、農、工、商邊緣的人物才不惜鋌而走險。不過在傳統社會結構不變的情況下，「英雄」或「光棍」在創業垂統以後仍然要修成「正果」，即宋代文彥博所說的「陛下與士大夫共治天下。」

中國傳統的改朝換代有一共同之點，即在「打天下」的階段必須以邊緣人為主體；但在進入「治天下」的階段則必須逐漸把政治主體轉換到「士大夫」的身上。現代革命則是在中國社會結構逐步解體的情況下發生的。因此革命奪權以後，政權的繼續維持已不再有一個「士大夫」階層可資依靠了。社會解體產生了大批的邊緣人，怎樣把這一大批邊緣人組織起來，佔據政治權力的中心，是中國近代革命的主要課題。蘇聯式的「黨」組織恰好趁虛而入。一九二四年改組後的國民黨和直接師法蘇聯的共產黨便是兩個程度不同的邊緣人集團。從此邊緣人佔據了政治中心，而知識分子則不斷從中心撤退，直到完全邊緣化為止。

孫中山在本質上還是一個知識分子，國民黨內最初也容納了不少知識分子。但自北伐成功以後，國民黨實行一黨專政，它便越來越和知識分子疏離了。北伐以後，社會上有「黨棍子」的新名詞流行，這是很值得玩味的。這個名詞在無意中說明了國民黨的基層幹部或是出身「光棍」或者已「光棍化」。北伐前後國民黨和胡適以及其他自由知識分子的關係由友好變為敵對，也恰能說明知識分子在政治上的邊緣化。孫中山本人對胡適是相當尊重的，他寫成《知難行易》學說後，還特別要廖仲愷寫信請胡適從學術觀點予以評介。廖仲愷、胡漢民等人和胡適在《建設》雜誌上辯論古代井田制度的問題，雙方的態度都是嚴肅而理性的。但是北伐成功以後，雙方的關係迅速地惡化。最近《胡適的日記》已在臺北影印問世。我們可以看到胡適在發表了〈知難、行亦不易〉一文之後，國民黨方面的反應是多麼強烈！但是最具代表性的則是胡適的真正對手還不是作了立法院長的胡漢民，而是一個名叫陳德徵的人。這個人當時是上海市黨部中的重要角色，他連中學也沒有畢業，寫的罵人文字充滿了流氣，正是一個典型的都市流氓。國民黨在奪取政權過程中，它的中下層幹部已大量的流氓地痞化，即此一例可概其餘。國民黨上層中雖不乏知識分子出身的人，如胡漢民、吳稚暉之流，但是在中下層「黨棍子」層層包圍之中，也不免自我異化了。後來在抗日戰爭期間國民黨正式全面推行「黨化教育」，更成為知識分子和國民黨決裂的關鍵所在。一九四七年蕭公權應聘到南京中央政治學校任教。在就任後，教育長竟約同黨方人員對他進行一場關於「國父遺教」的口試。這件事最能說明國民黨對高級知識分子的輕侮達到了多麼荒謬的程度。

但是國民黨畢竟是一個不徹底的邊緣人集團，它沒有摧毀中國原有的一切民間社會組織的企圖，而且也無此能力。知識分子即使拒絕「黨化」，還是能在困難中覓取生存的空間。而且國民黨雖然嚮往極權式的黨組織，它的基本理論規定它最後必須由「訓政」回歸「憲政」。它因此不可能完全無視於社會的壓力，包括來自知識分子的壓力。

一九四九年才正式標誌着現代中國知識分子走到了邊緣化的盡頭。毛澤東曾說過一句半真半假的話，他說：舊社會的知識分子原來是附在「五張皮」上，現在共產黨已消滅了這「五張皮」，因此知識分子便祇有依附在「工人」和「農民」的身上了。這句話有一半是真的，即知識分子在共產黨統治之下確已陷入「皮之不存，毛將焉附」的狀態。因為共產黨在「消滅私有財產」的口號的掩飾之下，徹底摧毀了中國兩三千年發展出來的民間社會的基礎，一切民間自發的組織從宗族、宗教、學校，到行會、會館、同鄉會等所謂「中間團體」(intermediate groups) 都被共產黨一掃而光。這是極權體制的本質使然，共產黨絕不可能容許在他們的「黨組織」之外，還存在着任何非政治性的團體，可以發揮稍具獨立意味的影響力。如果人民在需要採取某種集體的行動時，可以不用共產黨的領導，而竟乞援於其他社會團體，這在共產黨人看來簡直是不可思議的事。我記得一九四九年秋季在北平的時候，曾有過關於蘇聯作家法捷耶夫《青年近衛軍》的討論。這部書寫第二次世界大戰時期，蘇聯一部分青年組織近衛軍反抗德國納粹軍隊入侵的故事。這部小說最初是曾獲文學獎的，但很快便被發現其中存有嚴重的「思想錯誤」，即這些抗德的近衛軍在作者筆下竟是民間自發的組織，不是由共產黨領導的，舉此一例即可見共產黨獨占一切社會資源的心理是多麼的強烈。一九四九年以後，共產黨成為中國唯一的、無孔不入的、無遠弗屆的、包攬一切的政治組織，因此絕對地控制了中國人的一切生活資料和精神資源及其運用的方式。知識分子確是沒有「皮」了。

但是毛澤東的話中又有一半是假的：知識分子並不是依附在「工人」和「農民」的身上，因為工人和農民也同樣沒有「皮」了。知識分子所依附的其實是共產黨這張「皮」，工人和農民也都是緊緊貼在這張「黨皮」之上。工人不能享有罷工的自由、不能有獨立的工會組織；農民不能合法占有自己耕種的土地，這都是他們無「皮」的鐵證。

中國共產黨在「打天下」的過程中逐漸形成了一個最徹底的邊緣人集團。這個過程的本身便是知識分子在政治上從中心走向邊緣的最好說明。「五四」以後最先提倡共產主義的是陳獨秀和李大釗，他們當時都是在社會上負重望的知識領袖。早期參加共產主義運動的也是以理想主義的青年知識分子為主體，所以初期的共產黨並不是一個邊緣人的集團。但是隨着政治權力在黨內的發展和革命行動逐步深入社會，各階層中的邊緣分子大量湧入了黨組織之內。不但共產黨的成長的過程如此，改組後的國民黨也是如此，前引上海陳德徵之例可以為證。不過共產黨在意識型態上更為激烈，以徹底而全面地破壞社會現狀為號召，對一切既有的文化價值都抱着橫掃的態度，肆無忌憚（這便是後來所謂的「無法無天」），因此也更能吸引邊緣人。從此以後，共產黨的歷史基本上便是一部邊緣人奔向權力的中心而知識分子則不斷被擠出中心的歷史。陳獨秀的失敗可以說是從一開始便注定了的。李大釗如果不是早死，其結局也決無兩樣。瞿秋白以文人的浪漫氣質卻因「歷史的錯誤」而成了黨魁，這一段悲劇已在他的《最後的話》中交代得十分清楚。後來毛澤東屢戒人莫要「書生氣」，那真是「見道」之語。胡適在《日記》（民國十七年四月三十日）中曾引沈從文的小說中話：「你放痞一點，你就成功了。」胡適接着說：「我不能『痞』，也不想成功。」這個「痞」字正是邊緣人的特色之一。大致說來，共產黨內的「成功者」起碼必須具備兩大要訣，一是「狠」字訣，一是「痞」字訣。這正相當於毛澤東在自我估價時所說的「虎氣」和「猴氣」。佔上風時則儘量「狠」，「宜將剩勇追窮寇，不可沽名學霸王」；落下風時則儘量「痞」，撒賴使潑，包括三呼政敵萬歲，讓對方摸不清自己的底細，如此則可以化險為夷，渡過難關。知識分子如果真要保持「書生氣」，則往往執着於「理想」、「原則」、「骨氣」之類；有了這些精神負擔而仍胡胡塗塗地投身於邊緣人團體的激烈權力鬥爭之中，安得不招殺身之禍？識相一點的早些自動「靠邊站」，則也許得保全首領而歸。所以中共黨內自始至終都貫穿着一條知識分子靠邊站的歷史規律。但這並不是說，所有在中共黨內掌握過權力的人都必然是非知識分子出身。事實上，也曾有原來是知識分子，但卻甘願放棄知識分子的立場，一心一意效法邊緣分子的「狠」和「痞」，因而也有過風光的日子。但即使是這一類已經「狠化」和「痞化」的知識分子最後還是打不進邊緣集團的權力核心，而且隨時有被踢出來的危險。自一九四九年中共政權建立以來，知識分子在政治上的邊緣化大致可分為兩個階段，第一個階段是誤上賊船的黨外知識分子一批批地被整肅，直到他們完全被逼到整個極權系統的最外圈為止，一九五七年的「反右」便是這一階段發展的高潮。第二階段則是在黨外知識分子已喪盡了影響力之後，清算的矛頭轉而指向黨內的知識分子，這是十年「文革」所表現的一種歷史意義。中國知識分子的政治邊緣化至此才全部完成。

知識分子與文化邊緣

中國近代的知識分子在文化領域中也一直是從中心走向邊緣。這尤其是一個值得特別注意的歷史現象。社會、政治的邊緣化，知識分子基本上是處於被動的地位，但是文化邊緣化的局面則是知識分子主動造成的。十九世紀末葉和二十世紀初年，中國知識分子在精神上已為西方文化所震懾，開始對於自己的文化傳統失去信心。梁啟超、章炳麟、劉師培等一輩知識領袖流亡到日本以後，恰好碰上日本學術界西化的思潮高漲之際。當時日本有一派「文明史論」，以西方代表「文明」發展的正流，日本史凡與西方相異之處都是歧出「文明」正流的所在，也就是日本落後於西方的原因。同時不少日本學人又差不多無條件地接受了斯賓塞（Herbert Spencer）的社會進化階段說，相信人類社會的進程依循着一種普遍的法則。因此不同國家的歷史基本上祇有先進與落後的分別。日本史學家也曾根據這一觀點寫出了新式的中國史（他們有時稱之為「東洋史」）。這種觀點當時對中國史學家產生了很大的影響。最明顯是所謂「國粹學派」（以《國粹學報》為主體）的史學家如劉師培等人，直以中國文化史上與西方現代文化價值相符合的成分為中國的「國粹」。劉師培寫《中國民約精義》便是一例。梁啟超也同樣以西方史為模式來改寫中國史。西方文藝復興以來的歷史三階段論——上古、中古、近代——也代替了以王朝為斷代標準的中國史學傳統。所以「國粹史學」表面上好像是要發掘並保存中國固有文化的精華，實質上則是挖掉了中國文化的內核，而代之以西方的價值。例如國粹派的一位重要作者鄧實，即接受「耕稼為君主專制的時代，工賈才是民主的時代」這一分別，並斷論中國與西方的不同即因前者仍為「耕稼」時代，後者已進入「工賈」時代。他並且充滿着信心地說：「此黃人進化之階級，其與西儒之說抑何其吻合而無間也。」後來馮友蘭說中國和西方相比，在缺乏了一個「近代」的階段，其實這種理論早在三、四十年前即已為國粹學派捷足先登了。西方理論代表普遍真理的觀念也是在這個時期（一九〇五——一九一一）深深地植根於中國知識分子的心中的。所以連鄧實也形容當時知識界的風氣說：「尊西人若帝天，視西籍如神聖。」

「五四」則是文化邊緣化的進一步的發展。清末民初的知識分子雖已開始把中國文化的內核改換成西方的價值，但畢竟還要在古代經典中費一番心思，而且這種改換究竟不可能徹底，許多先秦的觀念因此也得到一番現代的詮釋，使古典孕育出新義，這和西方文藝復興時代人文主義者重新發現希臘羅馬的古典頗有異曲同工的作用。更重要的是當時知識分子在「國粹」兩字的掩蓋之下，繼續認同於中國的古典文化；他們至少仍自以為是佔據了中國文化的中心位置。章炳麟、劉師培等人都有這樣的自負，所以他們雖然一方面受到日本西化思潮的影響而在不知不覺中改變了對中國學術傳統的態度，但另一方面他們卻不大看得起日本的漢學家，認為這些異國的研究者終究太「隔」了，抓不住中國經典的精義。「五四」時代的人已大不相同，他們基本上反對以中國的經典來附會西方現代的思想。而且他們老實不客氣地要中國的經典傳統退出原有的中心地位，由西方的新觀念取而代之。不用說，「五四」的知識分子已不肯再向中國文化認同了。所以這是雙重的文化邊緣化——即一方面中國文化本身從中心退居邊緣；另一方面知識分子也自動撤出中國文化的中心地帶。

這一發展自然也是有階段的，並非一蹴而至。大致說來，「五四」初期，中國文化還沒有遭到全面否定；但到了後期則中國文化已成為「落後」的代名詞了。初期可以胡適為例。

胡適自始至終對於中國傳統都保持着相當的尊重。他受到《國粹學報》的影響，認為中國傳統中也有「理性」、「自由」、「對人的尊重」等等合理的成分。一九一七年他在英文《先秦名學史》的〈序言〉中便強調中國接受現代新文化同時也是使原有的古老文化重獲新生，而不應該是完全代替它。「整理國故」之所以必要，在他看來，正是由於「國故」中也存在着現代價值的內核。這是他一直堅持用「文藝復興」來稱呼「五四」新文化運動的主要原因。一九六〇年他發表〈中國的傳統及其未來〉的英文講詞，也還是這一基本觀點的繼續。（至於他的〈整理國故和打鬼〉一文則反而是敷衍激烈派的一種「權言」。）

「五四」後期的態度則可以魯迅和聞一多的某些言論為代表。魯迅勸人不要再讀中國書，如果一定想讀書則只能讀外國書。聞一多在四十年代更為激昂，他宣稱自己已讀遍了中國古書，沒有發現任何有價值的東西。他又說：他在中文系任教，目的是要和革命者「裏應外合」，徹底打倒中國舊文化。這才是中國文化邊緣化的極致。後期的人往往把「五四」看作是「啟蒙」，這當然是指歐洲十八世紀的啟蒙運動。從「文藝復興」到「啟蒙」，其間的差異之大是不能想像的，所以我們決不能輕輕放過，以為這不過是借用西方史上的不同名詞而已。「復興」還表示中國古典中仍有值得重新發掘的東西；「啟蒙」則是把中國史看成一片黑暗和愚昧。十八世紀歐洲的「啟蒙」是一種「內明」，它上承文藝復興對於古典的推陳出新和宗教改革對於基督教的改造，再加上十六、七世紀的科學革命。

中國「五四」後期所歌頌的「啟蒙」則是向西方去「借光」。這好像柏拉圖在《共和國》中關於「洞穴」的設譬：洞中的人一直在黑暗中，只見到事物的影子，從來看不清本相。現在其中有一位哲學家走出了洞外，在光天化日之下看清了一切事物的本來面貌。他仍然回到洞中，但卻永遠沒有辦法把他所見的真實告訴洞中的人，使他們可以理解。哲學家為了改變洞中人的黑暗狀態，這時只有叫這些愚昧的人完全信仰他，跟着他指示的道路走。葛蘭西（Antonio Gramsci）便曾借用這個「洞穴」的譬喻來講俄國布爾什維克所領導的革命。「五四」後期中國的馬克思主義者也正是走的同一條道路。這些激進的知識分子挖空了中國文化的內涵，然後用他們自己也不甚了了的一種西方意識型態——馬克思主義——填補了這個空隙。其結果則是完成了上面所說的兩重的文化邊緣化。但是中國現代知識分子又與俄國的知識分子不可同日而語，後者自十八、九世紀以來即已逐漸深入西歐的文化傳統，法國文化的愛好 (Francophile) 早已蔚為風尚。中國知識分子接觸西方文化的時間極為短促，而且是以急迫的功利心理去「向西方尋找真理」的，所以根本沒有進入西方文化的中心。這一百年來，中國知識分子一方面自動撤退到中國文化的邊緣，另一方面又始終徘徊在西方文化的邊緣，好像大海上迷失了的一葉孤舟，兩邊都靠不上岸。

最近這四十多年，文化這一領域也不斷從中心退處邊緣。在中國傳統中，學術和思想一直被看作是為社會指示方向的，因此在整個社會體系中佔據了樞紐的位置。在社會經濟決定論的新觀念支配之下，不少知識分子已開始視文化為寄生物。及至「政治是決定一切的」思潮席捲中國，整個文化領域更完全失去了自主性，變成生活中最無足輕重的外圍裝飾品。這可以說是文化邊緣化的第三重涵義。文化的邊緣化發展到這樣的程度，中國知識分子在社會上究竟處於什麼位置已是一個毋需討論的問題了。

一九九一年二月在夏威夷「文化反思討論會」會議上的講詞

一九九一年六月二十六日改定於香港

美國華僑與中國文化

中國文化能不能隨着華人社會在美國的發展而激出新的火花？這是今天海外中國人所共同關懷的一大問題。但是這個問題的出現事實上是近三、四十年來的事。所以我們首先應該提到中國人北美移民史上一個重要的轉捩點。這個轉捩點當然便是一九四九年中國局勢的突變了。

中國人在一九四九年以前，一般而言，是很少願意在美國定居的。華僑在美國雖已有一百多年的歷史，但他們在一九四九年以前仍然抱有濃厚的「葉落歸根」的觀念。他們在美國辛勤工作，主要是為了積蓄一點錢，最後可以回鄉養老。至於他們在美國的事業，則由下一代的人繼承下去，如此代代相傳，華僑在美國永遠只是暫時寄居，他們的家鄉還是在中國。即使他們回不去，他們的心仍然是繫於故國。漢高祖過沛，對他的同鄉父老說：「遊子悲故鄉，吾雖都關中，萬歲後，吾魂魄猶樂思沛。」華僑移民到海外，其心情大體上仍和漢高祖相似。社會學家研究移民，指出有一種「暫時居住」(sojourn) 的型態，華僑正是屬於此型。但是一九四九年以後，中國的社會發生了前所未有的鉅變，華僑頓時成為「無家可歸」的人。從此以後，他們於無可奈何之中才不得不在美國作久居之計。

一般華僑如此，留學生尤其如此。自容閎以來，中國留美學生幾乎沒有人不是在學成之後便立即束裝歸國，希望以一己所學貢獻於祖國。美國的研究環境和條件雖然遠比中國為優越，但是他們都不願僅僅為了個人的學術成就和生活享受而永久留在異域。所以在一九四九年以前根本便不發生所謂留學生一去不返的問題。甚至在一九四九年以後，許多中國學人被迫寄居美國，他們還是不能心安理得地把美國當作歸宿之地。已故蕭公權先生《問學諫往錄》中用〈萬里寄蹤〉的篇名來結束他中年以後留居美國的生涯，其心情可謂躍然紙上。他並且明說一九四九年受聘來美時，「沒有久居海外的打算」。後來年復一年地住了下去，他的心理也不過是「且住為佳」而已。我們舉此一例，即可作為絕大多數老輩知識分子的中國情懷的一種寫照。此中實含有深沉的文化哀感。李陵〈答蘇武書〉中所謂「遠託異國，昔人所悲」，在二十世紀的中國知識分子的血脈中仍然跳動不已。李書雖然是後人偽造的，但是它所表現的情感卻是非常真實的。

由於華僑和知識分子一般都抱着「寄蹤」的心理，他們當然不會積極地考慮到如何在美國發揚中國文化的問題。因此在一九四九年以前，中國人在美國的文化活動不但只限於自己的生活圈子之內，而且是以「中國取向」為其最主要的特色。一般而言，沒有人想到怎樣使中國文化在美國社會中紮根的問題。以出版界而言，無論是留學生所辦的刊物或唐人街的報紙，所反映的主要還是中國人對於祖國以及一些切身問題的關懷。他們雖然身在美國，但和美國社會和文化似乎沒有什麼關係。華僑因為集中在唐人街，形成了一個自足而封閉的社區，這種情況尤其顯著。美國中文報刊上的「中國取向」在政治態度上表現得最為突出。清末的革命與保皇之爭、民初的帝制與反帝制之爭，以及北伐以來左派與右派之爭，都在這些報刊中佔據了中心的位置。事實上，這一流風餘韻至今仍未消歇。

但是一九四九年以後，中國人對於留居美國在觀念上已發生了根本的改變。中國本土不但不再是中國文化的根據地，而且成為銷毀中國文化的煉鑪。不願失去原有生活方式的中國人逐漸把美國的自由社會看作最理想的托庇之所。「逝將去汝，適彼樂國」。《詩經·碩鼠》這兩句詩便是新移民的心理的最好寫照。五十年代以後，中國人留居美國的人數大量上升，其中知識分子的比例更是達到了前所未有高度。這種趨勢短期內恐怕不會改變。最近幾年來，由於大陸的開放和香港的不安，在可見的將來也許會有更多的中國人湧入美國。如果情況許可，他們都是要爭取在美國入籍的。

以上只是事實的客觀陳述，並不包含絲毫價值的判斷。我的目的是在指出一九四九年以來的一個新現象：中國人對於在美國居留的問題已從「暫住」的心態改為「落籍定居」了。這樣一來，在美的中國人便再也無法完全避開中國文化的問題。本文的中心論旨便在這裏。

對於人而言，文化事實上是他的第二層空氣。人沒有空氣固然會死亡，離開了文化也同樣不能生存。但是空氣是普遍性的，而文化則在普遍性之外還具有特殊性。在物質層面上如衣食住行，在制度層面上如親屬、宗教、法律、政治、經濟等，世界上各種文化未嘗不大致相同，至少可以找到相同的功能分化。但在精神上，文化的個性又是如此顯著，每一個人都只有生活在自己從小成長的文化環境中才會覺得自由自在。換一個文化環境，人便會發生適應的問題。儘管適應的能力不免因人而異：有人容易，有人困難，但是沒有人能夠完全避得開適應的過程。不但像中西文化這樣基本的差異必然引起無限的適應的困難，即使在同一大文化系統中，個人小環境的改變也往往會帶來生活上以至心理上的困擾。中國過去有「水土不服」一句成語。這句話的內容，認真分析起來頗不簡單，其中有物質的成分，也有精神的成分。例如江南人遷居北方，或四川人寄居福建，都可以發生「水土不服」的問題。其實「水土不服」也可以理解為文化適應發生了種種不同的障礙。中國的同鄉會、宗親會之類的組織，其背後都有地方文化的濃厚色彩。換句話說，這一類的組織也是相應於「文化適應」的需要而起的。現代研究者完全從社會經濟史的觀點去瞭解中國各地「會館」的意義，雖也有所見，但畢竟是表面的、膚淺的。

人自出生之日起，文化便是他「無所逃於天地之間」的第二層空氣。因此有些思想家甚至把文化看成壓迫人的負面東西。盧梭在《社會契約論》中開宗明義便說：「人是生而自由的，但是到處都在桎梏之中。」盧梭的話是針對當時政治文化而發的。政治文化出了嚴重的毛病自然會變成人的枷鎖。但是盧梭基本上只欣賞自然的創造，而厭惡一切人為的事物。（見《愛彌爾》第一章）嚴復把他和莊子相比較是有道理的。現代另一個批判文化最有力的思想家是佛洛伊德。他認定文化是壓制性的（repressive），人的一切精神病態都是受文化過度壓抑所致。把心理分析學的起源完全約化到十九世紀晚期的維也納，甚至西歐中產階級的虛偽道德，也許是太偏頗了。心理分析的確觸及人性和文化之間的普遍關係的問題。但是我們恐怕也不能完全否認它和當時的道德文化有某種程度的歷史關聯。總之，我並不認為文化對人永遠有利而無害；文化中某些價值發生了偏差是會激起人的反抗的。然而我也要強調文化對人有「安身立命」的功能；個人想尋求精神的歸宿仍捨文化莫屬。這在移民身上尤其看得清楚。移民不得已離開自己的文化本土，縱使在物質上空無所有，在精神上仍擁有豐富的文化資源。他們憑着這些文化資源才能在新土重建基業。猶太人流落世界各地顯然以其宗教文化為憑藉，最早期的英國清教徒殖民北美更是有賴於新教精神的支持。華僑也是如此。華僑移民東南亞或美洲而獲得程度不同的成功，除了與當地的客觀條件有關外，還是靠他們從中國文化中所帶來的勤儉美德。更進一步則有上面所提到親屬、鄉黨種種相互提攜的人際關係。以宗教而言，民間流行的儒、釋、道三教都是支持他們的精神力量。

早期華僑雖已將中國文化帶來美國，但是他們的「中國取向」則阻止了中國文化和美國社會的交流。他們祇是依賴中國文化為精神資源以暫時應付寄身的新環境，最後還是要葉落歸根、回到故國的。因此在很長的時期中，中國文化在美國僅僅存在於幾個孤點上，即大城市中的唐人街。這些孤點和外界幾乎是完全隔絕的。不用說，這裏的中國文化已與本土的原型頗有不同，我們並不能把它看作原型的「具體而微」。事實上，華僑帶到海外各地的中國文化大致都是經過篩選的，雖然是不自覺的。祇有那些特別有助於他們在異鄉謀生的文化成分才能長期地在海外的華僑社會中流傳下去。美國的華僑當然也不會是例外。這些特別的文化成分，正如陶淵明所說的，是「只可自怡悅，不堪持寄君」的。所以一百多年來，在美國的中國文化一直未曾離開過幾個唐人街的孤點。一般美國人最多只對唐人街的異國情調抱有一點遊客的好奇心，但是並不瞭解其中所藏的古老文化究竟屬於何種性質。

在「中國取向」的支配之下，這種「只可自怡悅」的心態是很自然的，但是今天在美國的中國人已進入了超越「中國取向」的新階段，中國文化怎樣在美國發展的問題必須提到討論的日程上來。這裏所說的當然首先是怎樣在美國的中國人社會中發展中國文化。前面已指出，今天在美國取得永久居留權或公民權的中國人事實上已準備世世代代在美國就地生根了；而且大勢所趨，這樣的人會越來越多。另一方面，很多唐人街華僑的子弟也已讀書就業，衝破了「孤點」，進入美國生活的主流。和三、四十年前不同，現在華僑和在美國的中國知識分子之間已不復存在着嚴格的界線。今天所謂「美籍華人」已廣佈在美國社會的各種行業之中，包括企業界、科技界、教育界、學術界、醫學界、法律界、新聞界、建築界以及政界等。其中不少人更是在美國出生和成長的第二代甚至第三代。無論是屬於第一代或第二代，今天的「美籍華人」幾乎普遍地有強烈的「文化認同」的要求。這一點是和美國近數十年來的社會和文化變遷分不開的。

美國人過去一向相信他們的社會是一個「大熔爐」，任何民族的人到了這個熔爐之中遲早都會被溶化的。其實這種說法是一廂情願的（也許是不自覺的）人造神話，和過去中國人所深信不疑的「化被四夷」說同有過份誇張之嫌。這個神話是建築在一種未經檢驗的假定之上，即美國社會已整合得相當成功，一切支流都可容納到主流之中。「熔爐說」在五十年代到六十年代初期達到了最高峯，這在美國學術界也有明顯的反映。那正是帕森思 (Talcott Parsons) 的功能論社會學如日中天的時代。在社會思想方面，貝爾 (Daniel Bell) 的「意識型態的終結」也為不少人所接受，在美國史研究方面，則「共識論」(consensus theory) 還沒有受到「對抗論」(confrontation theory) 的挑戰。但是六十年代末期反越戰的動亂驚破了一場美夢。七十年代以來，美國各少數民族（特別是黑人）普遍地產生了文化覺醒，開始積極地尋求自己的民族文化之「根」。尋「根」運動當然也波及亞洲後裔，包括中國人在內。所以今天各大學的亞裔學生無不要求成立自己的組織，要求擁有獨立活動的場所。以我個人的教學經驗為根據，我發覺最近十幾年來，華裔學生無論學工、理、醫或其他科技，幾乎都對中國語文、歷史、哲學的課程有一種出乎內心的渴求傾向。在美國的中國人已到了不能不正視中國文化的時候了。即使中年以上的中國父母仍然拋不開「中國取向」的包袱，他們也必須為子女文化認同的危機而重新考慮這個問題了。否則兩代之間不僅會發生一般性的「代溝」，而且更會發展出嚴重的「文化溝」，因為第二代以下的中國人雖有向中國文化認同的要求，但是卻不可能走上前一代人那條「中國取向」的道路。

近二十年來，美國的民權運動有相當大的進步，一般社會人士的種族偏見至少表面上也頗為收斂，美國政府更鼓勵少數民族研究自己的文化和語文。美國是一個種族多元的社會，其中雖以安格魯薩克遜的白種人文化為主流，但其他少數民族的文化也同樣可以並行而不相悖，並和主流相互溝通。民主和法治保證了「小德川流，大德敦化」的格局；「共識」和「對抗」事實上兼而有之，並不歸於一偏。美國同時又是一個自由競爭的社會，任何一個少數民族要想改善自己的地位，便必須通過競爭的方法，不但與主流文化競爭，而且還要與其他少數民族的文化競爭。猶太人在美國的成功便是一個最顯著的例子。他們的影響力簡直和人口不成比例。一般而言，移民在異邦立足，不僅依靠個人的努力，而且更需要集體的支持。由於宗教傳統的深厚、家族關係的密切等等原因，猶太民族的文化認同感特別強烈；他們所表現的團結合作的精神是多數民族所不能比擬的。無論在政治、經濟、教育、或新聞界，他們在美國都是一股不容輕視的力量。猶太人亡國兩千年之後而終能復國，不能不歸功於他們持續不絕的文化意識。在美國的猶太人並不靠以色列來為他們壯膽撐腰，相反地，以色列之所以能在眾敵環伺之下屹立不倒，在相當大的程度上倒是靠美國猶太人的全力支持。文化的力量大於國家的力量，移民能夠反饋祖國，猶太人的例子對於美籍華人——特別是「中國取向」的華人——是最具有啟示性的。

個別的中國人在美國各界取得顯著成績者甚多，華裔子弟因學業卓越而受到表揚者近來更時有所聞。這種成就當然與個人的才能和努力有關，但也不能不歸功於中國文化的背景。記得兩年前美國《時代》週刊在報導華裔青年獲得「總統獎學金」時，便特別提到中國儒家的教育傳統。但是中國人作為一個集體來說，他們在美國社會中似乎仍處於相當邊緣的位置。美籍華人的人口現在大約是一百萬左右，自然不算多。不過如果緊密的團結起來，並與其他亞裔美國人取得合作，也未嘗不能產生相當可觀的影響力。由於中國人和猶太人不同，缺乏有組織的宗教傳統，「各人自掃門前雪」、「一盤散沙」至今仍是中國人性格上的特色。中國人在參與美國政治事務上一向較為冷漠便是這一性格的具體表現。由此可見，中國文化怎樣才能適應美國的社會並有新的發展，其間確涉及相當複雜的問題。

上文已指出，以往華僑和留學生雖曾把中國文化中的某些成分傳入美國，但是其選擇過程則是不自覺的，也沒有經過有系統的考慮，今天則已到了必須改弦易轍的時候了。

我相信中國文化在美國的前途首先繫於它是否真能就地生根，其最大的關鍵是「中國取向」必須從主導的地位轉化為從屬的地位。「中國取向」最初本是華僑和留學生的愛國精神的一種表現，在當時也是十分自然的。但是其前提必須是以美國為暫且寄蹤之地。美籍華人如果仍然繼續奉此為最高的行動原則，他們將永遠自放於美國文化和社會的主流之外。這不但大有礙於他們在美國的發展，而且也和「中國取向」的原有意願背道而馳。因為今天的形勢已十分明顯：美籍華人衹有在美國建立起堅固的獨立地位才可能真正對祖國有實質的貢獻，猶太人便提供了一個最成功的範例。美國猶太人口不過六百萬，在比例上真可謂微不足道，但是他們的聲音則幾乎無所不在。這主要是由於他們不僅在各界都有傑出的成就，而且他們始終能保持其文化認同，並不斷地以現代觀點把他們的文化傳統向美國社會作有系統的闡述。他們這種工作是雅俗並進的，從高深研究到電視節目，無孔不入。美籍華人今後似乎也應該多注意怎樣使中國文化在美國紮根的問題。這是超越而不是取消「中國取向」；事實上，祇有超越「中國取向」才能完成「中國取向」的意願。

「中國取向」之所以必須超越還有一層更重要的理由。上文已指出，「中國取向」在政治態度上表現得最為突出。中國國內的政治衝突在美國華人社會中總是有非常敏感的反應，這種傾向在今天似乎仍然有增無減。政治上的左袒或右袒在現代民主社會中是極其正常的現象，個人可各依其政治信仰而作抉擇。凡是具有相當程度的民主修養而又不失理性的人，大體上都能一方面擇善固執，另一方面尊重反對派的人格及其存在的權利。但是由於中國的歷史背景不同，黨爭或政爭從來不是民主運作或理性化的產物，容忍異己的風度尚有待於建立。其結果往往因為強烈的情緒化而流於勢不並立的局面。政治化的「中國取向」無可避免地導致在美國的華人社會的分裂。美籍華人的政治興趣不在居留國而在祖國，他們的強烈紛爭祇是中國本土政治衝突在美國的延長。從長遠的發展而言，這個傾向對於他們是有百害而無一利的，更不能對他們的希望——中國的全面現代化——發生任何正面的作用。我不想在這裏涉及中國政治的是非。我祇想指出，政治在整個文化中僅占據一個角落，而且是變幻無常的。如果政治在中國本土仍然處於「第一義」的位置，那恰好說明中國本土社會的反常和變態。事實上，我們可以用「政治比重」的大小來判斷一個社會的性質：政治比重愈大，其社會必距離正常與合理愈遠。但是身居美國的中國人應該比較能超越中國本土的政治。「超越」並不涵蘊「不關心」或「無主見」，而是不以政治立場為辨別「敵」、「我」的最後根據或最高標準。海內外的中國人大概無不盼望中國成為一個經濟豐裕、社會公平、人權有保障、以及生活和思想自由的現代國家。但是在這些人類共同的理想之外，中國人還必須依靠一個特有的精神紐帶把他們維繫起來，即文化的認同。「中國人」這個名詞自正式出現在春秋時代以來，便是一個文化概念，而不是政治概念。對中國人而言，文化才是第一序的觀念，國家則是第二序以下的觀念。文化一方面永遠在變化之中，另一方面又萬變不離其宗。中國文化的價值系統當然必須經過現代的調整才能推陳出新，以適合今天中國人的需要。但無論怎樣調整，我相信中國價值系統的內核仍然是會存在下去的。關於這一點，我已在《從價值系統看中國文化的現代意義》中有所說明，這裏不必重複。在美國的中國人無論在政治層面上如何分歧，是沒有理由不能在文化的最高層面上互相溝通的。文化是超越政治的有效保證。如果身在海外的中國人繼續加深「不歸楊、則歸墨」的政治裂痕，而不能在共同的文化意識之下凝成一體，那麼我敢斷言，中國本土不但絕無統一之望，而且還會有更多的分裂出現。文化的統一才是自然而不勉強的，政治統一必然是強制性的，即所謂「不是東風壓倒西風，便是西風壓倒東風。」因為政治統一往往是由上而下的整齊劃一，而文化統一則祇能是由下而上的「和而不同。」「不同之同，是謂大同」，這是中國的傳統理想。遠離本土政治的海外中國人則最具備實現文化統一的條件。這是他們的神聖使命。

中國人要想在美國建立並維持一種民族文化的共同意識（用英文說，即是"ethnic-cultural identity"），必須自覺而嚴肅地去對中國文化傳統從事有系統的瞭解，並進而更新這個傳統，使它具有豐富的現代內容。這是一項極其艱巨的任務，需要從多方面來進行。高深的研究和普及化的工作缺一不可。在普及化方面，華人社羣應該發展各種有組織的文化活動，而華文報刊更應該在這一方面多盡一些貢獻。今天在美國出版的華文報刊大體上仍在「中國取向」的籠罩之下，各自代表本土的某種政治觀點，這種各尊所信的態度本是無可厚非的。但是為中國文化在美國紮根計，則共同的文化關懷較之政治化的「中國取向」

似乎更值得大家重視。

以高深的研究而言，中國人在美國還沒有一個專門研究中國文化的中心機構。一九七九年我有機會到俄亥俄州辛辛那提的猶太宗教研究所去作短期訪問和講演 (Jewish Institute of Religion)，親見該所規模之大、研究設計之精、藏書之富，和研究人員水準之高，我才體悟到猶太文化為什麼能在美國發生如此巨大的影響。近三、四十年來，美國漢學界雖然也出版了大量有關中國傳統和現代化的論著，但是這些純學院式的作品未必都適合我們的特殊需要。我們所需要的是有系統兼有切己關懷的研究成果。有了大批的這一類的英文論著，我們才能一方面教育華裔後代，另一方面使一般美國人士也能認識中國文化的真面目。中國人在美國的公開形象（如電影和電視上所見的）一向是一個令人感到困擾和憤怒的問題。追源溯始，這是和系統的研究工作之不足有關。文化普及是無法離開高深研究的。後者是前者的源頭活水。新加坡近年來為了配合提倡儒家的倫理教育，政府便迅速地籌募了一千萬美金以上的基金，建立了「東亞哲學研究所」，這是因為他們深刻地認識到系統研究和文化傳播之間的辯證關係。在美國的中國人不是沒有力量創辦這樣一個研究中心，不過目前也許還沒有這樣的理解。中國家長一般總是鼓勵子女選擇醫、理、工、科技等易於謀生的學科，這是今天的常態，無可責難。但是我也希望華裔後代中能不斷地產生一些人文社會科學（包括法律）的人才。他們的人數不必太多，然而從長遠的眼光來看，他們對美國的華人社會以至中國本土文化的可能貢獻也是不容低估的。

民主與文化重建

最近臺灣的言論界正在全力推動民主憲政的發展。無論是溫和派、激進派或保守派至少在表面上都一致承認中國必須建立民主的政治秩序，所不同者僅在進程的緩速之間而已。這自然是一個十分可喜的現象。現在許多人都在期待着臺灣在創造經濟奇蹟之後，再創造一個政治奇蹟。事實上，依眼前的情勢來看，如果沒有意外的波折，這第二次的奇蹟是必然會出現的。

但是在一般知識分子的觀念中，似乎存在着一種過分重視政治的傾向，這可以說是中國近代思想史上的一大盲點，即認為中國一切問題的解決最後必須訴諸政治。從歷史源流上看，這種看法是和近百年來的政治改革或革命運動緊密相連的，自然也有相當堅強的根據。不過如果政治意識過度突出，以致與生活整體之間失去均衡時，則其後果也可以是極其嚴重的。中國大陸上的「文革」，在一定的意義上，正是這種思想的必然產物。當時最著名的口號便是所謂「政治掛帥」，就是「政治工作是一切工作的生命線。」當然，毛澤東所要突出的「政」是「無產階級專政」；這和我們所要爭取的民主政治自不可相提並論。但是即使是民主政治也不應該在我們的全部人生中突出到「掛帥」的地位。

「民主」在西方史上本有廣狹不同的種種涵義。希臘原始的涵義說，「民主」不過是許多政治形式之一，而且當時史學家和哲學家的評價中，「民主」還不是品質較高的一種政體。這是因為在雅典民主的後期，已沒有像伯里克利斯 (Pericles) 那樣第一流的領袖人物，繼起者是一些譁眾取寵的煽動政客，一味取悅羣眾，利用他們的低級本能，以滿足自己的權力欲望。所以伯里克利斯以後的雅典「民主」竟墮落為「多數人的暴政」了。蘇格拉底便是在這種情形下被羣眾判處死刑的。柏拉圖終身反對這種暴民式的「民主」，不是沒有理由的。

雅典民主的盛衰頗能說明民主僅僅作為一種政治形式而言，它的價值是有限的；民主不能離開一般的文化基礎而充分發揮其效能。雅典民主在伯里克利斯時代的光輝主要是發自希臘的古典文化。伯氏的葬禮演詞即是最好的見證。他宣稱雅典是全希臘的「學校」，正是因為雅典代表了當時希臘文化的最高峯。不用說，伯氏本人也是這一文化所陶冶出來的最高的人品之一。政體祇是軀殼，文化則以靈魂注入此軀殼。中國人一向認為「徒法不足以自行」，其實是大有道理的。一切法制，本身的優劣最多不過是相對的，其成敗得失最後仍繫於人怎樣運用它。一涉及人，便離不開人的文化教養問題。中國傳統也並不像一般人所說的，祇要「人治」，不要「法治」，不過確把運用「法」的「人」看得很重。黃宗羲一反傳統之見，公開主張「有治法而後有治人」，然而他同時又強調「學校」的重要性，希望朝野上下都能通過「學校」來「治天下」。他的理想中的「學校」可以有這樣的功用：「使朝廷之上，閭閻之細，漸摩濡染，莫不有詩書寬大之氣。」民主作為一種「治法」也同樣需要一種具有文化修養的「治人」，使它充分發揮其效能。這便是我們常常聽到的「民主風範」或「民主人格」。一部西方民主發展史充滿了民主人格的實例。在民主體制建立之初，尤其需要民主人格的示範。我們不能想像，如果沒有華盛頓、傑佛遜等人的民主人格和修養，美國的民主建國會進行得那樣順利。

民主在近代西方也有最廣義的解釋，即美國哲學家杜威所謂民主是一種生活方式。如果採取這一解釋，則民主即是文化，政治形式不過是最表面的一層，本身並無實性。其實這種觀念可以上溯到古希臘時代。亞里斯多德已指出城邦的憲法不僅僅是一個法律結構，它體現了城邦公民的共同生活方式。

總之，無論就狹義或廣義言，民主政治在我們的整個人生中都祇能佔據一個有限的地位，而且也不必然是最基本的地位。我們今天都承認民主是最合乎現代理性的政治形式。但是相對於一個理想中的公平社會而言，民主的政治體制仍然祇是一個必需條件，而非充足條件。美國《獨立宣言》特別揭櫫「生命、自由、幸福的追求」為三項最基本的人權；不用說，這三大人權祇有在民主制度下才能獲得確實的保障。然而深一層看，這三大人權在當時都是有特定的文化內容的，我們不可能撇開宗教革命和啟蒙運動以來歐洲文化和思想的一般狀態而理解美國革命時代的民主。換句話說，美國最初的民主形式反映了十八世紀西方文化在美洲的最新發展。此後美國的憲法經過了二十幾次的補充，每一次補充都可以說是文化提昇的結果。

在民主的政治秩序已為我們所共同接受的大前提下，中國人似乎應該更進一步去想想：建立一個比較理想的政治秩序究竟需要什麼樣的文化條件？今天是一個專業分工的時代，政治也是一種專業。專門從事政治活動的人，特別政黨中人，自然應該繼續推動政治改革的運動。但是整個社會是不是也必須完全捲入實際政治的擾攘之中，而別無建設性的工作可做呢？這是一個涉及根本觀念改變的問題。

前面已指出，在二十世紀中國思想史上，政治意識的過分突出是一個長期而普遍的現象。正由於這一意識的氾濫，才會有大陸上「文革」時代所謂「政治工作是一切工作的生命線」那一類荒謬絕倫的想法。這種意識的背後存在着一個牢不可破的信仰：政治力量是一切力量中最真實、最具決定性的，不但中國共產主義者如此，許多自由主義的知識分子也同樣對於政治權力抱着無限的信仰。讓我們舉一個例子。自由中國社是五十年代臺灣民主運動的先驅。飲水思源，今天臺灣的民主突破不能不特別引起我們對這批先驅人物的懷念。反對黨的成立也是由他們最先提出並全力推動的。但是他們當時也不免對政治的功用估價得過高。自由中國社出版了一部《今日的問題》，其中提出十幾個迫切的問題，而以反對黨的問題為全書的終結。胡適當時便曾對這部書提出了他的「異議」。他說：

> 該小冊子有幾十萬字，把「反對黨」問題作為最後一篇文章，中間有一大段大意是說有了反對黨，前面所談十幾個問題，都可以迎刃而解。我以為也沒有這樣簡單的事。就是今天有了一個反對黨，不見得馬上就能解決前面的十幾個問題。（胡適〈從爭取言論自由談到反對黨〉，見《自由中國》第十八卷第十一期，民國四十七年六月一日出版）

胡適的批評自然是對的，當時的自由主義者對於反對黨的迫切期待是不難理解的，但是認為政治權威結構的變化便可以解決所有的問題，則不免思想過於簡單化了。而這一簡單化的想法近百年來卻一直困擾着中國，到今天仍然餘波未止。今天反對黨已經成立了，於是我們又聽到另一種說法，即祇有在國會全面改選以後，臺灣的一切問題才能够迎刃而解。我們當然承認國會改選確是今天臺灣政治議程上的第一要項，但是我們同樣不能相信國會改選便能解決臺灣的一切問題。我們不難預言，今後在政黨競爭的情況下，政治要求勢必愈逼愈緊，而且層出不窮。如果一定要等到民主政治完全上軌道之後，我們才能從事文化、社會各方面的建設，那真不免所謂「俟河之清，人壽幾何」了。

如果我們接受民主的建立離不開文化基礎這一簡單的歷史事實，則文化建設似乎比政治運動更為迫切。中國近代史上民主發展歷程的艱困至少有很大一部分是由於文化的準備不够充分。十八世紀末葉，美國和法國的民主革命都植根於啟蒙時代的文化，包括法國和英國兩支思潮。《獨立宣言》所揭櫫的三大人權——生命、自由、幸福——便清楚地反映了當時歐洲的宗教思想和政治思想。對於「理性」的普遍崇拜更與十七世紀以來的科學革命有密切的關係。所以西方近代民主的興起在文化上早有深厚的新文化為其憑藉。所謂「民主革命」不過是瓜熟蒂落時所發生的一個結構上的改變。總之，是文化狀態決定了政治結構，不是政治結構改變後才帶來文化的新發展。

反觀中國，民主的唯一精神憑藉是「五四」的新文化運動。但不幸「五四」是一個未完成的文化運動。「五四」在思想史上的主要成就也許便在於為中國人確立了「民主」和「科學」兩大價值；而它的最直接的影響則在於引發了反傳統的普遍激情。由於外患的凌逼，「五四」很快地從文化運動轉化為政治運動。這也是政治意識突出的一個潛在因素。「五四」以來，「民主」和「科學」兩個觀念大體都停滯在口號的階段，至少一般中國人的理解是模糊的。以「民主」而言，其命運尤為不幸。我們不但沒有把它放在西方文化史的整個脈絡中去求深入的瞭解，而且還對它作出種種的曲解，以致最後「民主」和「專政」竟然凝結成一個名詞，獲得了「矛盾的統一」。「民主」怎樣才能真正在中國生根？它又將採取怎樣一種特殊的民族形式？即以西方而論，民主在英、法、美等國都各具結構上的特色，而這些不同都是和文化背景密切相關的。因此我們也不能不嚴肅地探討中國的文化傳統。「五四」以來雖有「整理國故」的學術運動，並取得較好的成績。但這一發展也隨着抗日戰爭的爆發而中斷了。

僅僅作為一種政治形式而言，民主是手段而不是目的。我們在各種政體中獨取民主，這是因為根據以往的經驗，民主是能使絕大多數人獲得合理生活的政治制度，但對生活的品質並不能有所保證。在民主政治下，美國人誠然都享有「生命、自由、追求幸福」的權利，然而他們究竟賦予生命以何種意義？怎樣運用自由？又追求什麼樣的幸福？這些便不是民主本身所能提供答案的了。民主重「量」而不重「質」；要不斷提高生活的品質則不是民主所能為力的。

一般而言，教育、學術、思想在這一方面更能發揮重要的作用。去年（一九八七）芝加哥大學教授布魯姆 (Allan Bloom) 出版了一部轟動一時的書，題目是《美國心靈的封閉》(*The Closing of the American Mind*)。這部書的主旨便是要指出：自六十年代末期反越戰運動以來，美國的大學教育已面臨空前的危機，青年學生在學識和思想上也陷入極端貧乏的境地。一方面，一般人文社會科學的教授不能拔乎流俗之上，盡其傳道授業的本分，而一味譁眾取寵；另一方面，大學青年則以「解放」、「創造」等等空洞虛驕的口號代替理性思考。青年們不僅是目空古人，而且是根本不知有古人；面對茫茫的未來，他們更缺乏一種清楚的「遠見」(vision)。布魯姆把美國青年的思想混亂歸罪於歐洲大陸傳來的種種虛無、絕望、頹喪、過激的觀念。尼采、海德格、馬克思、佛洛伊德及其法國和德國的當代信徒們則是這些觀念的來源。但布氏並沒有要尼采、海德格、馬克思等人直接對這種情況負責，他很公平地指出：美國青年所接受的是經過庸俗化的歐洲哲學思想。

布魯姆斷定，思想界的不健康已嚴重損害了美國民主的運作：自由變成了放縱，容忍變成了不講是非，民主的多數原則變成了徇眾隨俗。所以布氏大聲疾呼，要求徹底改造大學教育，特別提倡人文通識的培養。他的具體建議之一是要青年人回溯西方文化的源頭，通向理性的主流。他尤其熱心於古典教學，要求他的學生細讀希臘典籍，特別是柏拉圖的作品。

布氏親歷六十年代的學生暴動，看到許多大學行政人員和教授（其時他正在康乃爾大學）在羣眾前面喪失道德勇氣的種種表現。他在痛心疾首之餘，立論內容或不免有過激之處，但他的態度還是冷靜的，敘事是客觀的，說理也是明晰的。書前有諾貝爾文學得獎人貝羅 (Saul Bellow) 一篇序言，對此亦表同情。

布氏這部書對人們大有啟示作用。最重要的是使我們認識到：民主體制本身並不是一切，它的運作必須另有一種健全的文化精神與之配合。這種精神主要來自高等教育，即是大學。在民主社會中大學是精神堡壘，可以發揮提高人的境界的重大功能。大學如果能夠提供較成功的人文教育，則社會將源源不斷的出現大批具有通識和判斷力的人才。這樣大批的人才散佈在各個角落，便可以保證民主品質的逐步提升。高等教育在民主社會中特別重要，因為民主作為一種純政治形式而言，祇能保證一人一票的平等，但不能啟人以向上之機。祇有大學才是大家公認的學術思想的中心，是為民主社會樹立最高的精神標準的聖地——包括知識標準和思想標準在內。因此大學中的師生首先要能拔乎流俗之上，不能為社會風氣所輕易搖動。這是民主體制下大學和政府最大不同之處：政府必須「從眾」，大學則唯理性是依，有時不惜「違眾」。

以我個人所知的臺灣高等教育而言，其情況雖與美國截然不同，然而也遠不足以承擔培養人文通識的重任。近年來受到美國學風的影響，虛無、頹喪、激進等等弊病，似乎已開始出現。布魯姆所說的一些歐陸的庸俗思想，經過美國轉手，也傳到了一部分青年知識分子的身上。無論如何，為了給發展中的民主體制奠定一個堅實的精神基礎，我們感到，恐怕今天沒有比大學教育和學風的改造更急迫的事了。學術教育界的人固然應該繼續關心政治，但同時更應該超越政治，他們總不能像專業的政治人士一樣，一天到晚都捲在現實政治的糾紛之中。在專業化的時代，「捨己之田而耘人之田」是十分荒謬可笑的事。臺灣朝野上下都有責任幫助高等教育界，重建一個莊嚴的大學的現代傳統。我們說「重建」，是因為這一現代傳統早在民國初年便已出現。北方的北京大學和南方的東南大學（中央大學的前身）都是屬於現代型的大學。北京大學當然更為重要。在蔡元培的領導下北大體現了為學術而學術和兼容並包的現代精神。北大師生關心政治，然而也超越政治。北大成為「五四」新文化的搖籃絕不是偶然的。今天中國知識分子對於民主理想的堅持便是北大留給我們的一份最寶貴的遺產。文化、思想能夠開創政治，而不是政治力量可以宰制文化和思想，北大便是一個活生生的見證。胡適認為「五四」以後，新文化運動歧入政治的軌道，是一個不幸的發展。這是極有見地的看法，可惜今天很少人能懂得這一論斷的意義了。

我們也希望大學能成為一個認真讀古人書的所在，正如布魯姆所指出的。但中國的大學自然不必唯希臘是尚，我們更要嚴肅地對待自己的古典傳統，並消化這個偉大的傳統，以期收推陳出新之效。中國沒有民主的制度傳統，但是中國的人文傳統中不乏與現代民主精神深相契合的因子。儒家的「仁」與「恕」強調人格的尊嚴和容忍的胸襟，墨家的「兼愛」和博愛相通，道家一方面主張「無為」政治，反對政治力量對人生過分干涉，另一方面強調個人的自由；平等的觀念則是佛教的重大貢獻。更重要的，中國人文傳統所塑造的「士」的風格更可視為現代中國知識分子的精神泉源。近百餘年來，中國知識分子投身於各種維新和革命的運動，倘細加分析，正是「士」的精神的現代化。布魯姆感慨今天美國青年不讀古典而成天口上掛着尼采和海德格，殊不知尼采雖反對蘇格拉底的傳統，卻曾細讀希臘古典，海德格更是要人回到蘇格拉底以前的哲學源頭，他們兩人都對希臘古典的訓詁學下過相當大的功夫。「五四」時代的中國學人雖然激烈地要推倒中國傳統，他們自己卻正是從古典研究中翻出來的。中西的對照在這裏是非常生動而有趣的。

今天離開二十一世紀祇有十二年了。而學術、思想上的真實建樹則需要長期而持續的努力，我們的時間實在不多了。如果中國人真有志於實現湯因比 (Arnold Toynbee) 的預言，要使二十一世紀成為中國人的世紀，那麼我們必須儘快地把我們的高等教育加以徹底的改造。臺灣經濟和政治方面的發展是值得稱道的，但「錢」和「勢」也都不免有嚴重的副作用，其中最足以引人焦慮的是急功近利的心態的普遍流行。許多人會認為文化、學術、思想都是不急之務，既不能直接增加財富，也不能立刻使我們擁有更多的權勢。這種過分重「效用」(Utility) 的意識在美國也相當氾濫。而且據美國史學家的研究，這種意識正是美國工商社會「反智」的一大根源。民主的理想是人類理性的最好產品之一，一個民主社會而走上「反智」的道路，終於使理性無用武之地，其後果又將是如何呢？這是我們大家都應該細細思考的問題。

一九八八年八月

陳獨秀與激進思潮

——郭著《陳獨秀與中國共產運動》序

郭成棠先生的《陳獨秀與中國共產運動》的英文版是一九七五年出版的。刊布以來，西方有關中國和亞洲的刊物中對此書頗多評介。無論評者是否完全接受著者的論點，但是他們眾口一辭，都讚許這是一部客觀、翔實、深入的研究之作。所以此書在西方已得到一致的肯定，不待多說。

最近十年，中國大陸採取了開放政策，學術界已不再視陳獨秀為禁忌。一九七九年初北京曾召開過一個包括陳獨秀在內的歷史人物討論會，一九八〇年底，又特別舉辦了陳獨秀問題討論會。一九八二年河南人民出版社刊布了《陳獨秀評論選稿》，其中收集許多會議中發表的回憶和評論文字。陳獨秀研究在大陸已基本上解禁了。但是由於中共四十年來和外面的世界完全隔絕了，大陸學人對於西方出版的英文著作往往不甚注意。直到最近幾年，其中才有人開始參考西方文獻。郭先生此書因此引起了大陸學人的重視。去年（一九八九）香港三聯書店出版了一部《五四：多元的反思》一書，其中顧昕的〈意識型態與烏托邦——試論陳獨秀的平民主義民主觀〉一文便承認郭先生在此書中關於陳獨秀反傳統主義的分析，是有啟發性的。我舉此最近的一例，以見此書的價值所在。現在郭先生將刊布此書的中譯本，我認為是非常適時的。去年臺北時報文化出版公司刊行了鄭學稼先生的遺著——《陳獨秀傳》上下兩厚册，一千三百多頁，內容非常豐富。但是鄭著是純粹的傳記體裁，包括了著者與傳主的個人關係在內，因而無法完全避免主觀的好惡。郭著則是政治學和史學的客觀分析之作，與鄭著恰好相互補充。讀者取此兩書並觀，更可對陳獨秀的主觀世界和客觀世界獲得一平衡的瞭解。

承郭先生的好意，要我為此書中譯本寫一序言。我雖然感到榮幸，但也不免惶恐和慚愧。我對陳獨秀這位同鄉前輩從來沒有認真地研究過，實在不够寫序的資格。但是陳獨秀確是中國現代史上的關鍵人物之一，我對於他的歷史地位也一直在思索之中，總覺有許多話可說，而又苦於非一言所能盡，因為他的情況過於複雜，任何簡單的論斷都是站不穩的。正如郭先生在此書中所指出的，陳獨秀是中國現代許多革命運動的一個原動力，然而他自己最後卻為繼漲增高的革命浪潮摧毀了。所以他是一個不折不扣的革命悲劇的英雄。歷史上的悲劇人物往往會引起後人的同情，我對於陳獨秀的一生也是很同情的。抗日戰爭期間，我在安徽潛山縣的故鄉整整住了八年，便曾聽到過有關陳獨秀的一些故事。他是懷寧人，和潛山是鄰縣，他的事跡是很容易流傳到我的鄉間的。其中之一是他曾在安慶的一次莊嚴集會中為人題字，寫下了「父母有好色之心，無得子之意」兩句話，並署名為「共產黨陳獨秀」，使舉座為之騷動。這個傳說是否可信，我不敢說，不過大致反映了他「打倒孔家店」的激烈態度。我聽到這個故事時大約才十一、二歲，但印象非常深刻，故至今不忘。這兩句話自然是王充的說法的現代翻版，章太炎、胡適之都先後引述過，在一九二〇年以後已算不得很新鮮了。但是在我住過了八年的潛山鄉間，一直到四十年代中期，思想還是十分閉塞的，和清代末葉大概仍沒有什麼不同。傳述者是要說明陳獨秀的「離經叛道」，聽眾也覺得這真是「大逆不道」的話，包括我這個年幼的聽者在內。這個故事可以說明當時中國思想的狀態：「五四」儘管已經歷了二十多年，但所謂新思潮仍然浮在大城市的知識分子的層面，並沒有打進廣大的農村，連陳獨秀的故鄉及其鄰縣的人也都不理解他的「革命思想」。陳獨秀的悲劇的根源，一部分便潛伏在這裏。試想在絕大多數的人對王充都是那樣陌生的情況下，我們怎麼能希望他們接受馬克思呢？

我曾在別處討論過，自清末以來，一部中國思想史其實是一個不斷激化的過程，而陳獨秀則在每一個激化的新階段中都扮演着領導的地位。他參加過同盟會，是「五四」思想運動的大領袖，最後更是中國共產黨的創建人。康有為在維新時代正式提出了「全變」、「速變」的觀念，陳獨秀可以說是這一觀念的最徹底的實踐者。在他接受了馬克思主義之後，他不但要全面改造中國，而且更投身於世界革命了。儘管從表面上看，他是中國近代激進思潮的一個重要的推動者，但深一層看，他本人也捲在激進的浪潮之中，而身不由己。所以嚴格地說，他也祇是一個「弄潮兒」而已。這個「潮」的本身則是由中國近代史上許多客觀和主觀的力量共同造成的，這裏無法詳細分析。

激進思潮祇是知識分子的事，但是思想落實到行動的層面便直接影響到整個中國的命運了。在中國近代史上，知識分子的思想每激化一步，他們的改造方案也跟着更徹底一步，至共產主義運動而登峯造極。這一發展雖然在激進知識分子看來好像是順理成章的事，但是和中國的社會現實之間卻距離愈來愈遠。我們今天重讀陳獨秀在被開除黨籍前後和他的政敵關於中國社會性質的爭論，真不能不感到雙方都在變名詞的戲法，和中國的實際情況簡直是風馬牛不相及。當時的共產黨人，無論是史達林派或托洛斯基派，都奉馬列主義為絕對真理。他們通過馬列主義的一套概念架構來分析國際形勢和中國的社會、政治力量，並依之而擬定革命行動的綱領。在六、七十年後的今天，共產主義經過了大實驗之後已面臨全面的崩潰。我們自然能看清楚所謂「絕對真理」其實正是馬克思所說的「假意識」。但當時中國的激進知識分子是無法理解到這一步的，因為他們正陶醉在「找到了真理」的氣氛之中。陳獨秀的思想在他的故鄉都得不到同情，這是最根本的一個原因。

但是在初期中國共產主義運動中，陳獨秀是最有獨立思考能力的一個人；他自始至終都對共產黨的教條流露出一種懷疑的態度。所以他雖然一度否定了「民主」的價值，但經過六、七年的「沉思熟慮」，終於徹悟到民主政治是近代文明的基礎。他抓住了民主的本質，因此才毫不遲疑地宣稱：「特別重要的是反對黨派之自由。」（〈我的根本意見〉，一九四〇年十一月二十八日）在我寫這篇序文時，蘇共中央委員會恰好初步接受了戈巴契夫的改革建議，決定採取多黨制。陳獨秀五十年前的預見已充分為歷史所肯定了。

嚴格地說，陳獨秀不能算是一個合格的思想家。通觀他的一生，他衹是一個從傳統過渡到現代的中國知識分子，因此相當典型地反映了中國近代思想界的變遷。他所承受的傳統主要是清末的「國學」，特別是文字訓詁之學。這一傳統在他退出政治舞臺之後又在他的生命中復活了。所以他在獄中的書架上，擺滿了經、史、子、集各方面的舊籍；而他鑽研最深的則是一部《說文》。他的晚年著述如《實菴字說》、《小學識字教本》、《文字新詮》等是比較有原創性的學術作品。在一般人的瞭解中，陳獨秀似乎是一個最徹底、最全面的反傳統的急先鋒，其實殊不盡然。他要「打倒孔家店」，是因為儒家為傳統的政治勢力所利用，已淪為歷代王朝的工具。他曾在獄中對朋友說：

> 每一封建王朝，都把孔子當作神聖供奉，信奉孔子是假，維護統治是真。……五四

運動之時，我們提出「打倒孔家店」，就是這個道理。但在學術上，孔、孟言論，有值得研究之處，如民貴君輕之說，有教無類之說，都值得探討。（鄭學稼《陳獨秀傳》，頁九六〇引）

他和中國傳統有着千絲萬縷的關係，是不可能完全切斷的，而且他也從來沒有想切斷這種關係。他是文學革命的兩大主將之一，然而他在「詩」的問題上始終不曾完全跳出傳統。所以他一生都寫舊體詩，而且寫得很好。在這一點上，他和魯迅是同道，和胡適則是背道而馳。他在晚年仍堅決主張「青年人想寫詩，最好先讀《詩經》、《楚辭》、唐詩、宋詞，了解一些詩味，然後動筆。」（同上，頁九六八引）陳獨秀從來沒有和中國傳統全面決裂過。

陳獨秀的思想確是現代的；但是這種現代性大體限於「啟蒙」階段。民主和科學是他的終極關懷。他之所以歧入共產運動，除了現實的刺激之外，主要是誤信馬列主義為最新的「科學」論斷，「無產階級專政」為最新的「民主」。由於獨立思考的啟蒙精神始終未曾離他而去，因此他最初對於中國傳統的懷疑後來也同樣移用到對於馬列教條的上面。一九三六年「西安事變」後，他在獄中聽到南京全城放了一夜的爆竹，便不再相信當時「革命者」的分析，以為蔣介石的政權脆弱不堪。相反地，他斷定蔣有羣眾基礎，至少南京的人民是相當擁護他的。在抗戰初期他也不相信共產黨人的論調，認定第二次世界大戰衹是帝國主義之間的戰爭。因此他公開盼望勝利屬於英、法、美等西方民主國家。他說：「此次若是德、俄勝利了，人類將更加黑暗至少半個世紀。」（一九四〇年給西流的信）此時歐戰已爆發，德國和蘇聯則簽訂了互不侵犯的條約，故陳獨秀如此云云。

啟蒙的現代精神一直埋在陳獨秀的心靈深處，在他脫黨之後這一精神很快地便復甦了。一九三二年十月十六日他在獄中給胡適寫信，希望胡氏寄些書給他看。在他所開的書目中，除了甲骨文、崔適《史記探源》等中國典籍外，還有英文版的亞當斯密《原富》和李嘉圖《經濟學與賦稅之原理》。英國古典經濟學是列寧所謂馬克思主義的三大源頭之一——其餘兩源是德國唯心哲學和法國的空想社會主義。陳獨秀現在單單選取了古典經濟學，這是很值得玩味的。他的一瓣心香始終屬於西方近代文化的主流——民主和科學。英國是近代民主的發源地，因此他特別重視馬克思主義的英國源頭。而亞當斯密的《原富》則正是啟蒙時代的思想結晶之一。他的啟蒙精神充分表現在晚年的一段自敘中。一九四一年一月十九日他在〈給S和H的信〉裏說：

弟自立論，喜根據歷史及現時之事變發展，而不喜空談主義，更不喜用前人之言為立論之前提。……近作〈根本意見〉（按：指〈我的根本意見〉），亦未涉及任何主義。第七條主張重新估計布爾什維克的理論及其領袖（列寧、托洛斯基都包含在內）之價值，乃根據蘇俄二十餘年的教訓，非擬以馬克思主義為尺度也。倘蘇俄立國的道理不差（成敗不必計），即不合乎馬克思主義又誰得而非之？「圈子」即是「教派」，「正統」等於中國宋儒所謂「道統」，此等素與弟口味不合，故而見得孔教道理有不對處，便反對孔教，見得第三國際道理有不對處，便反對它，對第四國際、第五國際、第……國際亦然。適之兄說弟是一個「終身的反對派」，實是如此。然非弟故意如此，乃事實迫我不得不如此也。

「五四」新思潮的中心意義，據胡適的詮釋，是在於尼采所謂重新估定一切價值，當時陳獨秀便曾持此態度批判了中國的孔教。但是二十年後他卻以同樣的態度對待「布爾什維克的理論及其領袖」了。更重要的是：在重新估定共產主義運動的價值時，他並不「以馬克思主義為尺度」，因為他「不喜用前人之言為立論之前提。」這是一種徹底的啟蒙精神，而貫穿在陳獨秀的全部思想生命中。像他這種啟蒙型的知識分子是絕不可能長期見容於共產主義運動的，尤其不可能見容於後來的中國共產黨；他的命運注定是一個「終身的反對派」。

我們可以完全不贊成陳獨秀的思想，但是我們無法不承認他確是一個光明磊落的現代知識分子。他具有梁啟超所謂「不惜以今日之我與昨日之我戰」的精神。他是中國共產黨的創始人，但是在他看清了國際共產主義運動的本質以後，他不惜徹底與之決裂，他甚至不惜公開地宣布：他不再以馬克思主義的是非為是非。試想這需要多大的道德勇氣！四、五十年後的今天，我們也看到中國和西方的許多知識分子對共產主義的嚮往幻滅了。但是他們往往要以種種的飾詞為自己的錯誤抉擇作辯解。有人說共產主義還是人類的唯一前途，不過現實中的共產政權都已背叛了共產主義的理想；有人企圖以早期馬克思的「人道主義」

來挽救馬克思主義的破產；也有人想以現代科技與後期資本主義社會結構的合而為一來解釋馬克思的「革命」預言為什麼在西方不能實現。這一類的說法雖有粗糙與精巧之別，但其為飾詞則並無二致，都不過是要曲曲折折地繼續維持馬克思主義的「正統」地位而已。但是打穿後壁來看，他們祇是不肯認錯，不甘心承認他們獻身一輩子的共產主義運動其實祇是害了一場「左傾幼稚病」！這些人和陳獨秀的光明磊落相對照，無論在認知態度上或道德勇氣上，豈能不羞愧欲死？

由於陳獨秀是一個光明磊落的現代知識分子，他在實際政治活動中的失敗也是一開始便注定了的。以毛澤東為首的中國共產黨是一個現代化流寇集團；流寇是最不能容忍書生的。所以毛澤東常常告誡他的幹部：不可有十足的書生氣。而毛澤東從湖南第一師範的早期到「文革」的晚年，都一直自負有「虎氣」和「猴氣」，又說在此二氣之中，「虎氣」是主，「猴氣」是從。其實「虎氣」即是凶悍的「惡霸之氣」，「猴氣」則是機詐的「流氓之氣」。用傳統的說法，這是「世路上英雄」或「光棍」的基本氣質。祇有這樣的人才能在中國史上走「成王敗寇」的路。毛澤東所領導的流寇集團不幸竟成功了，這才建立了一個徹底反文化、反知識的「光棍王朝」。這個王朝不但對「書生」抱有自卑而又自大的複雜心理，而且也根本與農民、工人階級的利益背道而馳。陳獨秀正是一個十足的書生，他如何能立足於流寇集團？所以早在北伐時期，便有陳獨秀認為湖南農運「過火」的傳說；在抗戰時期，他曾稱「紅軍」為「土匪」，又說毛澤東「是一個農運中的實際工作人員，政治水平則甚低」。（一九四二年一月六日致鄭學稼的信）他完全認清了中共的本質，因此他絕不可能再有晚年重回黨內的要求。即使他有此要求，也絕不可能為毛澤東所接受。

陳獨秀所不瞭解的是：毛澤東的政治水平雖甚低，但凶悍與機詐兼而有之，正是流寇首領的上上之選。陳獨秀等知識分子從蘇聯搬來的階級鬥爭的意識型態、黨組織、和專政機器則恰好為流寇集團「打天下」提供了現代化的精神武裝。但是知識分子和流寇雖然暫時統一在共產主義的旗幟之下，兩者的終極關懷卻是完全不同的。知識分子相信共產主義可以全面改造中國，流寇則志在趁火打劫，先奪權然後保權。一旦共產黨的領導權落入後者之手——這幾乎是必然的——知識分子的命運和「革命」的結局自然都不問可知了。因此，儘管中國現代化的前途斷送在中國共產黨的手上，而陳獨秀又是這個黨的創建人，但是我們卻不能把一切責任都推到他一個人的身上。事實上，像無數激進的中國知識分子一樣，陳獨秀也是中國革命悲劇中的一個角色，而不是悲劇的導演人。

郭著《陳獨秀與中國共產運動》是一部謹嚴的研究成品，我不願以草率的態度來對待著者索序的誠意，故拈出書中革命悲劇一義稍加發揮，並以就正於著者和讀者。

一九九〇年二月七日余英時序於普林斯頓

我所承受的「五四」遺產

關於「五四」，我先後已不知道寫過多少篇紀念性的文字了。但那些文字都是從整體的文化史和思想史的觀點寫成的，不免流於空泛，其中並無切己之感。這次《中國時報》和《晚報》提出「五四」和個人的感受問題，我覺得是一個頗為別緻的構想。這種寫法事實上等於是寫個人思想成長過程中的一個側面，帶有濃厚的「自傳」意味。在這一特殊的角度下，「五四」便不再是一個籠統的「思想運動」，而是因人而異的「月映萬川」了。雖然同是此「月」，映在不同的「川」中自有不同的面目。下面我將簡單地說一說我個人所感受到的「五四」。

我是出生在「五四」發生的十幾年以後的，根本沒有直接受到「五四」的直接衝擊。

抗戰八年正是我從七、八歲到十五、六歲這一階段，我能明確記憶的個人生命史大致是從抗戰第一年（一九三七）開始的。那一年我上小學一年級，從安慶逃難到故鄉潛山縣官莊鄉，是一個典型的「窮鄉僻壤」，那是在萬山之中的一個農村，和外面的世界是完全隔離的。我在那裏整整地渡過了八年的歲月。那裏不但沒有現代式的學校，連傳統的私塾也不常有，因為師資難求。所以在十六歲以前，我根本便不知道有所謂「五四」其事，更不必說什麼「五四」的思想影響了。

從民國二十六年到三十五年，我完全是一個鄉下孩子，從未接觸到現代的知識和思想。事實上，現代的正規教育和我是絕緣的，我只在私塾、臨時中學等處斷斷續續地上過兩三年的學。臨時中學設在鄰縣舒城的曉天鎮上，步行要走一整天，極不方便。我只在十三歲時去過半年，然後便因病休學，等於什麼也沒有學到。讀書識字大概主要是從看舊章回小說中得來，這是舊社會中兒童所共有的經歷。此外所接觸的則是一些片斷的中國文史知識。抗戰的末期，我曾在桐城縣住過一年，那是我少年時代唯一記得的「城市」，其實也是閉塞得很。桐城人以「人文」自負，但仍然完全沉浸在方苞、姚鼐的「古文」傳統之中。我在桐城受到了一些「斗方名士」的影響，對於舊詩文發生了進一步的興趣。但是我從來沒有聽人提到過「五四」。當時無論在私塾或臨時中學，中文習作都是「文言」，而非「白話」。所以我在十五、六歲以前，真是連「五四」的邊沿也沒有碰到。

抗戰勝利以後，我才真正從「鄉下人」變成了「城裏人」，先後住過的城市包括瀋陽、北平、上海，而大致以北平對我個人思想的形成最關重要。這當然便逃不開「五四」的影響了。最初一兩年中，因為要補上抗戰八年的教育空白，以爭取考大學的機會，我的時間大都用在補習英文、數、理等科目方面，沒有餘暇來注意新思想、新文學之類的問題。但當時我也讀了一些梁啟超、胡適、魯迅等人的作品。現在回想起來，大概梁啟超給我的影響最深，胡適次之，魯迅幾乎沒有發生任何刺激。這大概是因為我所生活的社會已和「五四」前後大不相同。魯迅所譴責的「正人君子」以及其他具體對象對我而言是完全陌生的，無法引起我的共鳴。梁啟超和胡適的影響主要也限於中國學術傳統方面。梁啟超「筆鋒常帶感情」，他一方面批判舊傳統，一方面又激動讀者熱愛中國文化。這是一個很微妙的「矛盾的統一」。但是對我個人而言，他的熱情似乎偏向於「求知」的一面。我從他那裏得到一種啟示：我必須去真正理解中國歷史，特別是學術思想史。這種理解，和為理解而從事的研究，必須是超越現實效用的。我們決不能為了任何眼前的利害而曲解歷史。

這一為知識而知識的精神在胡適那裏得到進一步的加強。胡適對西方文化的認識在梁啟超之上。我因此瞭解到：如果我真正要理解中國的傳統，我必須同時要對西方傳統和現代世界有深入的體認。這便把我推向另一個知識的領域。

現在回想起來，「五四」對我的影響大概以「求知」這一點為最深。但「求知」並不排斥「道德」，因為推動「求知」的仍是一種巨大的道德力量。我很同情「改造中國」的理想，但我始終相信「改造」必須以可靠的「知識」為起點。「求知」的精神在「五四」運動中其實不佔主流的地位，不過對我而言，這是最主要的影響。

現在大家都說「五四」是反傳統的運動，「打倒孔家店」、「禮教吃人」、「全盤西化」等代表「五四」的主要精神。這大概是不錯的。但是對於我這個出生在「五四」以後十幾年的人，這些口號則從來沒有在我心中發生過激動的力量。我在典型的舊鄉村中渡過了八、九年，那裏並沒有「禮教吃人」的事。中國農村其實是充滿了人情味的，特別是過年過節的時候。用「禮教」或「孔家店」壓迫人的情形至少並不嚴重。「愚昧」倒是事實，思想封閉也是不可否認的。所以我相信「知識」是現代中國所最為需要。但要真正求得「知識」，我們首先便要建立起「為知識而知識」的嚴肅態度。

抗戰勝利以後，中國知識界最流行的雜誌大概是儲安平所創辦的《觀察》，此外還有比較偏右的《獨立時論》等。但當時「五四」的潮流已歧入馬克思主義一途了。胡適早已被中共在暗中「鬥垮、鬥臭」，不但不再是「五四」的象徵，而且是「反動」、「反革命」的代表人物了。他在青年羣中，特別是在北大、清華學生們的心中，早已成為一個「反面教員」了。但是左派的猛烈攻擊並沒有對我的思想發生什麼重要的影響。他的「自由主義」還是比較能博得我的同情的。這是「五四」對於我的另一面的啟示。

總之，我所承受的「五四」的遺產是很有限的，這當然和我的生活經驗的限制是分不開的。由於以「知識」和「自由」為核心，我對於中國舊傳統也產生不了激越的「打倒」情緒。因為我最關心的問題還是怎樣去認識傳統的真面目。沒有知識的基礎，我便不敢提出任何「改造中國」的構想。

我現在當然更能認識到「五四」的限制。「五四」是一種「啟蒙」的心態。即使以「知識」而言，「五四」也偏於實證主義一路。所以我們今天似乎不必再「神化」它，當然更不必「醜化」它。以我個人而言，我對於「五四」還是希望求得更深的「理解」。但這也正是「五四」所賜給我的一種「遺產」。

一九八八年四月二十九日於普林斯頓

現代儒學的困境

儒學在中國史上遭遇困境不自現代始。孔子之後有楊、墨，特別是墨家的挑戰，這是第一次困境。漢晉之際有新道家反周孔名教的運動，這是第二次困境。這一次困境的時間特別長，因為繼反名教之後便是佛教長期支配中國的思想界和民間信仰。第三次困境發生在晚明。由於泰州學派的風行一時，遂有「三教合一」運動的興起，李卓吾承王陽明之說而更進一步，公開宣稱「不以孔子之是非為是非。」這次運動雖未如魏晉時代明標「反名教」之名，但實際也相去不遠，所以才引起顧炎武、黃宗羲等人的大聲疾呼，黃宗羲在《明儒學案．泰州學案序》中更明白地指出：泰州學派到了顏山農、何心隱諸人手上，「已非復名教所能羈絆。」

如果從歷史背景着眼，我們不難看出，這三次反儒學的思想運動都爆發在中國社會解體的時代。解體的幅度有大有小，深度也頗不相同，因此對儒學的衝擊也有或強或弱之異。但以現代眼光看，上述三次社會解體都沒有突破中國文化傳統的大格局。儒學在經過一番自我調整之後，仍能脫出困境，恢復活力。

現代儒學的困境則遠非以往的情況可比。自十九世紀中葉以來，中國社會在西方勢力衝擊之下開始了一個長期而全面的解體過程；這個過程事實上到今天還沒有走到終點。由於社會解體的長期性和全面性，儒學所面臨的困境也是空前的。

為什麼儒學的困境和社會解體的程度有這樣密切的關聯呢？這首先要從儒學的性質說起。儒學不祇是一種單純的哲學或宗教，而是一套全面安排人間秩序的思想系統，從一個人自生至死的整個歷程，到家、國、天下的構成，都在儒學的範圍之內。在兩千多年中，通過政治、社會、經濟、教育種種制度的建立，儒學已一步步進入國人的日常生活的每一角落。我們常常聽人說儒學是中國文化的主流。這句話如果確有所指，則儒學決不能限於歷代儒家經典中的教義，而必須包括受儒家教義影響而形成的生活方式，特別是制度化的生活方式。但是我們必須緊接着澄清兩點必有的誤會：第一、中國文化包羅甚廣，自然不限於儒學。我們說儒學瀰漫在中國人日常生活中的每一角落，並不意味中國文化整個是儒學的實現。事實上，在每一角落中我們也都可以找到非儒學的成分。不過整體地看，確沒有任何其他一家的教義散佈得像儒學那樣全面。第二、我們並不天真地認為儒學在日常生活中的制度化即是儒學的充分實現，緣飾和歪曲都是制度化過程中所確實發生過的現象。儒學基本上是要求實踐的，無法長期停留在思辯的層次，從個人的心性修養到制度化顯然都是歸宿到實踐。觀念一落實到生活中便必然會因種種主觀和客觀條件的限制而發生變化，因此歪曲更是不可避免的。

我們在此衹是指出儒學通過制度化而在很大的程度上支配着傳統文化這個事實。我們並沒有下道德判斷。指出這個事實正是為了說明儒學的現代困境的根源所在。傳統的儒學誠然不能和傳統的制度劃等號，但前者確托身於後者。十九世紀中葉以來，傳統的制度開始崩潰。比較敏感的人便不免把制度運作的失靈歸咎於儒學。例如太平天國時代的汪士鐸，其人為曾國藩、胡林翼所器重的謀士，而曾、胡都是所謂「理學名臣」。但他在《悔翁日記》中便屢次痛斥儒學，不但罵程、朱理學，而且也都薄孔、孟。他是一個講功利的人，思想上傾向法家，在學術思想史上，汪士鐸自然佔不到任何地位，然而他反儒學的激烈態度卻是一個信號。更可注意的是他並沒有接觸到「西學」；他是從傳統內部出來反儒學的人。

中國近代反儒學的運動要到「五四」時期才發展到全面的階段。但「五四」以前已有一個很長的醞釀階段。鴉片戰爭以後，中國人最初衹承認在「船堅砲利」方面不如西方，所以馮桂芬的《采西學議》僅限於西方的科技。到了清末變法時期，中國人才正式承認政治制度落伍了。康有為、梁啟超、譚嗣同的鮮明態度不必說了，即使以提倡「舊學為體，新學為用」著名的張之洞也已對傳統的政治制度失去了信心，因為他所謂的「新學」包括了「西政」在內。

在全面社會解體的過程中，政治制度是最早崩壞的一角，緊接着便是一切社會制度的全面動搖。譚嗣同的「衝決羅網」已開「五四」的先河。不過他畢竟還沒有全面地反儒學，衹找出荀子做替死鬼；他的最大著作也標「仁學」之名。這也許是因為康有為依然要假借孔子的旗號。從戊戌政變到「五四」不過二十年，但這二十年間中國傳統制度的全面瓦解已表面化。從家族婚姻、鄉里、學校各種制度到風俗習慣，其中已沒有任何一部分是可以站得住的了。「五四」全面反傳統的運動便是在這種形勢下逼出來的。「五四」又號稱「新文化運動」，其實所謂「新文化」即是西方文化，而以「民主」與「科學」為其主要內容。儒學則在這一運動中首當其衝，成為反傳統的最主要的對象。我們回顧這一段大家熟習的歷史是為了說明一點：近百餘年來，中國的傳統制度在一個個地崩潰，而每一個制度的崩潰即意味着儒學在現實社會中失去一個立足點。等到傳統社會全面解體，儒學和現實社會之間的連繫便也完全斷絕了。這似乎可以解釋為什麼中國近代史上反儒家的情緒一步一步地提高，而在「五四」時代達到了高潮。

用康有為的話說，中國在現代要求「速變」、「全變」。但不幸這個「變」始終未能成功。傳統秩序已隨着舊制度的全面崩潰而一去不返，但是中國人所追求的新秩序則遲遲不能出現。在晚清和民初，我們還能把「變」而無成的責任推在舊制度的身上。「五四」以後則不再能如此，因此必須另找對象。這個對象當然不能是已崩潰的制度，而是制度後面的精神或思想。中國為什麼總是產生不了「民主」，為什麼「科學」始終難以生根？大家想來想去，自然祇有儒學及其殘留的影響才可能是「民主」和「科學」的真正敵人，精神或觀念總是在文化或社會大變動中最後退出歷史舞臺的東西。所以在中國人，至少是知識分子，追求「民主」和「科學」最熱烈最緊張的時代，也往往是反儒學的情緒最高漲的時代。現代儒學的困境，以此為始點。

儒學和制度之間的連繫中斷了，制度化的儒學已死亡了。但從另一方面看，這當然也是儒學新生命的開始。三十年代胡適在芝加哥講「儒教的歷史」，曾說：「儒教已死，儒教萬歲。我現在也可以是儒教徒了。」這個想法恐怕今天不少同情儒學的人也許會加以贊許。但是儒學目前的困境也在此。讓我們用一個不太恭維但毫無惡意的比喻，儒學死亡之後已成為一個游魂了。如果我們因此慶祝儒學獲得了新生，那麼儒學又將以何種方式維持它的新生命呢？它將從此成為「游魂」呢？還是要「借屍還魂」呢？

傳統儒學的特色在於它全面安排人間秩序，因此祇有通過制度化才能落實。沒有社會實踐的儒學似乎是難以想像的。即使在道德領域內，儒學的真正試金石也祇能是在實踐中所造成的人格，即古人所說的「氣象」或「風範」。如果儒學僅僅發展出一套嶄新而有說服力的道德推理，足以與西方最高明的道德哲學抗衡，然而這套推理並不能造就一個活生生的人格典範，那麼這套東西究竟還算不算儒學恐怕總不能說不是一個問題。儒學與基督教不同。基督教在中古時代也曾與許多俗世制度溶為一體，自從經過宗教改革和啟蒙運動的洗禮以後，由於它是有教會組織的宗教，最後終能托身在宗教制度之內。政教分離的結果是基督教與俗世制度之間劃清了界線，然而不必變成游魂。傳統儒學並無自己的制度或組織，而是以一切社會制度為托身之所。從這一點說，康有為當年想仿效基督教而建立孔教會也不無所見，雖然這是不可能的事。中古基督教在思想上也居於最高的地位，哲學尚是其婢女，科學更不必說。但是自從科學革命以後，基督教在學術思想領域內到處撤退，科學進軍到何處，它便從何處退卻。然而它畢竟是西方一般意義下的典型宗教，有自己的特有領域而是科學迄今為止所不能攻佔的。傳統儒學在這點上也與基督教大異，因為它是全面性的。傳統儒學無所不在，因此不能在任何一條戰線上撤退，連宗教的領域也必須奮戰到底。那麼現代儒學究將何以自處？

在傳統時代，到處都可以是儒家「講學」之地，不必限於書院、私塾、明倫堂之類地方，連朝廷之上都可以有經筵講座。今天的儒學似乎祇能在大學哲學系中存身，而且也不是每一個哲學系中都有儒學。此外當然還可以有一些零星的儒學社羣，但也往往要依附在大學制度之中，那麼是不是儒學的前途即寄託在大學講堂和少數學人的講論之間？這樣的儒學其可能的最高成就是什麼？是不是即在於通過西方的思辯方式而最後取得與西方的哲學界、宗教界平等對話的資格？在學術上，傳統的儒學是博雅與通識兼顧而尤其重視會通，今天面對西方學術越來越專業化的趨勢，儒學是不是還能保持這個理想？或者必須有所選擇甚至竟走專業化的道路？如果走選擇的路，取捨的標準是什麼？如果走專業化的路，究竟儒學的專業又是什麼？

如果儒學不甘僅為「游魂」而仍想「借屍還魂」，那麼何處去找這個「尸」？以「家」為「尸」嗎？今天是小家庭制度，孝悌將如何安頓？更如何應付愈來愈顯著的個人主義的趨勢？以「國」為「尸」嗎？今天中國人所追求的是「民主」，這恰恰不是儒學最見精采之所在。

我們提出這許多問題，好像是在繼續反儒學的運動。其實這決不是此文的用意所在。此文的目的僅在用比較尖銳的問題凸顯出儒學的現代困境。這些問題都不能有簡單的答案，甚至根本未必有答案，有些則不一定是適當的問題，而且問題的提法也大可斟酌。無論我個人怎樣同情儒學，我對於儒學困境的估計寧可失之於過高，而不願失之於過低。總之，我希望這篇急就章能夠激起大家嚴肅討論的興趣，或進一步的思考。思考是脫出困境的始點。

一九八八年八月二十七日晨於新加坡

附記

本文成篇極為倉卒，思慮未周，俟他日有暇，再加補充。

「創新」與「保守」

狄更斯在《雙城記》中開頭就說：「這是最好的日子，也是最壞的日子；這是智慧的世代，也是愚蠢的世代；這是信仰的時期，也是懷疑的時期；這是光明的季節，也是黑暗的季節；這是希望的春天，也是絕望的冬天。我們面前好像樣樣都有，但又像一無所有；我們似乎立刻便要上天堂，但也可能很快便入地獄。」狄更斯所刻劃的是法國大革命時代一般人的內心感受，但是也完全可以適用於現代的中國人。這是因為二十世紀的中國一直是處在革命的狀態之中，和十八世紀末年的法國頗為相似。在社會大動盪的時代，像狄更斯所形容的兩歧的心理現象自然是避不了的。這種矛盾並不必然是分別地存在於不同個人的心中，譬如說，革命派認為「這是最好的日子」，而保守派則說「這是最壞的日子。」相反地，矛和盾也可以同時存在於同一個人的胸頭。除了頭腦特別發熱的人以外，一般理智和情感比較平衡的人總不免對我們這個時代抱着複雜的矛盾感。他們既不會毫無保留地謳歌它，也不會一味地詛咒它。

狄更斯如果生在今天，他的對比的詞語也許還要加上一句：這是創新的時代，也是保守的時代。「創新」和「保守」正是二十世紀中國人所最為關心的問題。「創新」和「保守」當然是任何時代都並存的文化現象，不過在一個劇烈變動的歷史階段，如法國大革命時期或二十世紀的革命中國，兩者的對照更為突出、也更為強烈。

革命可以說是創新的最高形式。無論我們說「政治革命」、「宗教革命」、「工業革命」、或「科學革命」，我們所指的都不只是其激烈的變動過程，而是其全新的結果。因此在革命時代，主張變革的人在價值取向上往往是偏在「創新」的一面，「保守」則成為他們嘲罵的對象；二十世紀中國的思想狀態大致正是這樣。一部現代中國思想史，其中主要的篇幅大概都給了講「變法」、「維新」、「革命」、「進化」、「進步」、「創造」、「啟蒙」……之類的創新人物。至於唱反調的保守人物，能夠列名其間已屬不易，他們的思想則很難得到同情的瞭解。從歷史的影響來說，這種處理當然也不是完全不公平，因為在最近七八十年中，「創新」的價值取向確已席捲了中國的知識界。

在專門的學術研究方面，這種偏向近來已得到某種程度的矯正。現在漸漸也有學者重視中國近代和現代史上的保守人物及其思想了。但是這一風氣似乎是從西方學術界開始的，然後才傳回到中國的。從這件事我們可以看到中、西兩方對於「創新」和「保守」一對觀念，是抱着不同的態度的。西方人並不把這兩者看作「善」與「惡」或「好」與「壞」那種不能共存的敵對關係。在西方人眼光中，「創新」和「保守」毋寧是相反而又相成的互倚關係，無論就個人或整個文化而言都是如此。個別的思想家也許稱之為「革命」的或「保守」的。然而細加分析則「革命」者的思想中含有「保守」的成分；「保守」者的思想中也未嘗沒有「革命」的因子。馬克思是最徹底的「革命」思想家，但人人都知道他在思想上承繼了黑格爾的衣鉢。後者「保守」立場是毫無可疑的。布爾克 (Edmund Burke) 是近代西方「保守主義」的先驅，但他在《法國革命的反思錄》那部名著中說：「一個國家若沒有改變的能力，也就不會有保守的能力。沒有這種能力，它將不免冒着一種危險：即失去其體制中它所最想保存的部分。」（企鵝叢書本，頁一〇六）這是一位「保守」者強調「變革」的必要。

以整個文化來說，也是一樣：有宗教革命，接着便有反宗教革命；有啟蒙運動，而幾乎同時便開始了反啟蒙運動。在西方文化史上，一般人對這兩種相反的發展是同等加以重視的。西方的「容忍」觀念最初起於新教和舊教之間的爭持、教會和俗世思想之間的衝突，最後則成為俗世社會中一項最高的原則。這正是因為「創新」與「保守」兩種傾向永遠是並存的。其實不但西方如此，中國文化傳統中也沒有把「創新」和「保守」看成勢不兩立的敵對價值。中國文化整體而論固較偏於保守，但孔子已說三代之禮雖相因而都各有「損益」。所以有「因」有「革」乃是常態。（清代學人惲敬寫了一系列的〈三代因革論〉。）中古以下重視保存傳統的人無過於朱熹，然而他又特別欣賞張載「濯去舊見，以來新意」之說，故曰：「若不濯去舊見，何處得新意來？」杜甫論詩，也說「不薄今人愛古人。」甚至現代有識量的學人如蔡元培依然對新舊思想採取兼容並包的態度。這固然已受了西方文化的啟示，但其中也有傳統的因素。

現代中國人對「創新」和「保守」兩種價值的極端對立化，以及價值取向的主流偏在「創新」一邊，其造因是很複雜的。不過我相信政治所負的責任要比思想、學術來得大。近代中國人要求「變」首先是從政治改革的強烈要求上開始的。戊戌變法時康有為上書光緒說：「守舊不可，必當變法。緩變不可，必當速變；小變不可，必當全變。」康有為說這話時，其身份是政治改革家而不是思想家。等到民國初年，他重回到思想家的地位時，他卻要說：「利不十，不變法」了。(〈中國還魂論〉)這不是單純的先後矛盾，而是急功近利的政治觀點和長治久安的文化觀點之間的衝突。今天大陸上在「速變」、「全變」之後，竟有學人惋惜中國沒有走戊戌變法的漸進之路，而這一觀點還博得不少知識分子的同情，其道理正和康有為的先後矛盾是一樣的。民國以後，一次一次的政治革命接踵而至，兩極化的發展終於成為無可挽回的狂瀾。在文革以前的中共統治下，「落後」、「保守」、「反動」、「反革命」居然正式成為輕重不等的「罪行」，輕者要「勞改」，重者可以處死。這真是價值偏向在中國史上所造成的最大悲劇了。

反觀西方，自由主義和保守主義始終是相持不下的兩大政治力量。自由主義者固然以

「創新」而自負和自傲，保守主義者也同樣以維護傳統的價值而引以為榮。英、美的兩黨政治正是建立在「保守」和「創新」的兩大原則之上，英國的保守分子更毫不遲疑地自稱為「保守黨」。中國的政黨則不然，個個都向「革命」爭寵。甲黨要取代乙黨，它的最冠冕堂皇的理由是比乙黨更能「革命」。乙黨要想繼續執政，其所持的理由也完全相同。這真是名詞的妙用。祇是這裏面含有一個絕大的諷刺：這些最「革命」的中國黨派都沒有跳出兩三千年的「名教」傳統，因為他們在不知不覺中仍然迷信「革命」之「名」。政黨如此，個人亦然。中國知識分子也都是要「革命」的，因此聽到有人恭維他能「創新」便欣然色喜。「保守」的帽子是誰也不肯沾的，而打擊敵人的最厲害的武器也莫過於贈以「保守」或「反革命」的惡謚。這是二十世紀中國知識分子之間一個相當普遍的心理現象。我們無以名之，只好稱之為「革命情結」。

我們在上面曾說，「創新」和「保守」在西方已提升為政治原則，其實何止政治，應該說是普遍的文化原則。即使在純學術界，「創新」和「保守」的相反相成也是一種最常見的現象。西方學術界號稱日新月異，其實是「異」遠多於「新」。許多所謂「新」觀念、「新」

思想不過是變名詞的把戲而已。而且即使真是「新」的東西也未必便為大家所接受。至少西方學術界並沒有一面倒的「趨新」的風氣，一味「趨新」的人往往被同行看作是淺薄的表現。西方人誠然重視「創新」，但是他們同時也承認「創新」之前必然有一個「保守」的階段，「創新」之後也必然要加以「保守」。這是一個「鷄生蛋、蛋生鷄」的無限歷程。祇有上帝的「創造」才是「無中生有」的，人的「創造」永遠是以前人的業績為起點，這便是牛頓「站在巨人的肩上」一語的真涵義。所以真正的關鍵不在「創新」和「保守」的本身，而在於「創新」什麼、「保守」什麼。在西方觀念中，凡是提升為原則性的東西都必須經得起理性的嚴格檢查，又必須在經驗中獲得證驗。這是西方人的公、私之辨；「保守」或「創新」都是從「公」的立場上出發，不是為了便利於一己或極少數人的「私欲」。所以在公共事務上，訴諸理性的公開辯論而最後取決於大多數人的抉擇，是解決問題的最好方式。這便是我們所說的民主。人民的感覺，有時傾向於「創新」，有時則傾向於「保守」，這是難以預測的。「創新」帶來程度不同的變動；「保守」則使社會趨於安定。其間的利與害都不是絕對性的。這很像中國人所說的「動極而靜」、「靜極復動」。朱熹解周敦頤的《太極圖說》：「太極之有動靜，是天命之流行也。」我們正可借來講文化或社會的「生命之流行」。文化「生命」是循着「創新」（「動」）和「保守」（「靜」）互相交替的方式而「流行」的。中國雖然沒有民主的傳統，但同樣嚴於公、私之辨；中國人雖然不說「理性」，但同樣重視「理」，因為「理」是公共性質的東西。而西方人所說的經驗，在中國則大體稱之為「人情」。所以中國人必同時兼顧情和理兩方面。戴震說「理」是「人心之所同好」，但他的「理」中已包括了「情」，故又說：「理者、情之不爽失也；未有情不得而理得者也。」這是中國近代性的思惟，是涵有民主意味的。一個社會或文化在某一歷史階段中究竟是該「創新」呢？還是「保守」呢？這在中國人來說，唯有取決於「人心之所同好」，也就情、理兼到。

如果我們把「創新」和「保守」理解為中國哲學觀念中的「動」和「靜」，這便與這一對觀念在西方文化中的原有位置和關係相去不遠了，西方的觀念，整體看來，是以「保守」和「創新」為屬於同一層次但迭相交替、彼此互倚的價值，正如中國人講「一動一靜，互為其根」（周敦頤語）一樣。「創新」是二十世紀多數中國人的「心之所同好」，所以我們才有這六七十年的不斷「革命」。但今天的風向似乎變了，無論是大陸或臺灣，多數人都是「心好」安定的。這是「動極復靜」的朕兆。不過我們的價值偏向一時好像還轉不過來，我們仍然以「革命」或「創新」為至高而絕對的價值，並且以「保守」為可恥。我們「動」了以後便「靜」不下來，恐怕和我們在觀念上的混亂不無相當的關係。

必須說明，我決不是在宣揚「保守」，反對「創新」。這兩個價值在我的內心中是完全具有同等的地位的。此文的論點似乎偏向「保守」，其實這完全是為補偏救弊而發。我希望心向「創新」的人能够尊重「保守」的價值，心向「保守」的人也要能懂得「創新」的意義。最重要的，我們絕不能繼續把這兩個價值誤認為「善」、「惡」或「好」、「壞」的誓不兩立。人和其他動物的最大區別也許是人能創造文化和歷史，因此擁有一份寶貴的精神遺產。這份遺產一方面需要不斷「創新」，另一方面也需要永遠地「保守」。讓我引一位大科學家和一位大文學家的話來作為本文的結論。愛因斯坦對一羣小孩子說過：

記住：你們在學校中所學得的那些了不得的東西是世世代代所積起來的工作，是世

界上每一個國家經過熱心的努力和無窮的勞苦而產生出來的。現在這些東西都放在你們的手中，成為你們的遺產了。你們要好好接受這份遺產，要懂得去珍惜它，並增加它，有一天你們可以忠實地把它交給你們的孩子。我們共同創造出永恆的東西，這便是我們這些會死亡的個人所以成就不朽的唯一方式。如果你們能記住這番話，你們便在生命和工作中找到了意義，並且你們也獲得了怎樣看待其他國家和其他時代的正確的態度。

歌德在《浮士德》中說：

你不是有一份遺產嗎？
認真地把它當作任務吧！
祇有如此，你才真把它變成自己的東西。

一九八八年三月十五日於普林斯頓

資本主義的新啟示

——黃著《資本主義與廿一世紀》序

黃仁宇先生（以下簡稱「作者」）近幾年來發憤研究資本主義在西方各國發展的歷史，寫成了這部《資本主義與廿一世紀》的鉅著。這是最值得史學界重視的一件大事。二十世紀初以來，中國知識界雖然人人都熟悉資本主義這個名詞，但是資本主義究竟在歷史上是怎樣發生、成長和變化的，則很少人有親切的認識。我們對於這樣重要的一個概念竟缺乏基本的知識，正是因為中國史學家在這一題目上完全交了白卷。現在這個缺陷已由作者填補起來了。

作者這部書有三個重要的特色：第一是對於資本主義的觀念作了適當的澄清。作者檢討了二十世紀有關資本主義的許多重要的理論，並指出其不足之處，使我們瞭解這一歷史現象的複雜性，不是任何現有的理論所能概括得盡的。這一點得到澄清之後，作者便引導我們進入本書的第二個特色，即根據西歐與北美各國的具體事例，分別討論資本主義的生產與經營方式的演變過程。這是本書的主要部分，作者是史學家，他不能安於抽象的原則，而必須把資本主義放在歷史的處境中，以取得具體的理解。資本主義雖然是經濟制度，但是它影響及於整個社會體系的運作。作者同意法國年鑑派史學巨匠布勞岱(Braudel)的見解：「資本主義之成功端在它與國家互為一體，它本身即成為國家。」「新的交換方式產生動搖的力量……每一個社會受此衝擊，都會出現『歷史性的』新頁。」因此作者認為把握歷史的動態是認識資本主義的一個最重要的途徑，他說：「資本主義之展開既在各國產生劇烈變化，則研究資本主義之專書應當根據其衝突的情形分國論列。」我完全贊同作者這一史學的取向。最使我詫異的是：作者廣泛搜集參考資料的結果，僅發現一部通論各國資本主義發展的著作，而且還是六十年前出版的，可見本書不僅在中國史學上為創闢之作，即在西方也已久成絕響。我相信，將來此書的英文版問世也一定能引起西方讀者的深厚興趣。

本書的第三個特色是作者所謂「以中國為本位的考慮」。作者下筆之際隨時考慮到此書的主旨怎樣能和中國以往的歷史和未來的發展發生有意義的聯繫。就這一點說，本書並不是一般性的資本主義通史，而是特別為中國史學界設計的專著。所以本書在導論部分特別討論了韋伯的論點，並進一步對中國為什麼沒有產生資本主義的問題提出了獨到的觀察。這是韋伯在《中國宗教》(*The Religion of China*) 一書中所首先提出但未能充分解答的重要題旨。本書最後一章更詳引宋代以來的史實，說明中國傳統的政治社會結構為什麼特別不容易接受現代化的改變，以致形成了一個「長期革命」的過程。作者對於這一歷史過程的艱難有獨特的見解，這在他的英文本《中國的大歷史》(*China: A Macro History*) 以及其他中文論著中有更詳細的發揮，讀者宜兼觀並覽，以明作者的苦心孤詣。對這樣帶有根本性質的大問題，當然不可能祇有一種意見，史學家之間難免有見仁見智之異。但作者之說確有理據，足成一家之言。

本書以《資本主義與廿一世紀》為書名，其命意自然是預期資本主義在下一個世紀將可能與整個中國發生聯繫。作者不取唯物史觀的五階段論，而視資本主義為西方特有的產物，這一點我是完全同意的。如果我沒有誤解作者的意思，作者似乎認為資本主義是可以在某種程度上移植到中國的。但是作者對資本主義的內外限制也提出了明確的批評，因此他又似乎主張社會主義的某些原則足以濟資本主義之不足。這種態度是比較開放的，沒有一點武斷的意味。作者討論資本主義的着眼點是技術層次的；他基本上避開了意識型態的問題。所以他強調資本主義有「超越國界的技術性格」。他把技術性格歸納為三點：資金的廣泛流通 (wide extension of credit)、超越個人關係的經營方式 (impersonal management)，和技術上的支持因素的通盤使用 (pooling of service facilities)。從這一技術觀點來說，資本主義和現代化幾乎是同義語。技術是工具理性的產品，對一切價值都是中立的。這是作者主張資本主義可以而且必須引進中國的主要根據。作者一向持有一個特殊的觀念，即中國傳統的社會體制是不能以嚴格的數字管理的，而資本主義在他看來則恰恰提供了以數字管理的可能。能不能以數字管理，似乎是作者劃分「傳統」與「現代」的一項最重要的標準。

作者對中國現代化的關懷是十分迫切的。這一迫切感使他把中國近代的「長期革命」看作一個曲折迂迴、痛苦，但逐步接近現代化的進程。他斷定國民黨「創造了一個高層結構」，而共產黨則「創造出一個低層結構」，便是最明顯的例子。作者對歷史的進程不取任何決定論的觀點，但是他相信超個人的力量 (impersonal forces) 一旦形成運動以後，便有自己進行的軌道。這種看法當然也建立在一定的預設 (assumptions) 之上。我可以指出兩個預設：第一是歷史的客觀性，歷史的進程主要是由集體的客觀力量推動的，不受少數個人的主觀願望的支配。第二是他一再提到的「歷史的長期合理性」(long-term rationality of history)。例如資本主義的興起在他看來便是「歷史的長期合理性」的產物。因為作者有這些預設，所以他論史不尚「褒貶」，而注重客觀的可行性，史學的功能便在於指示長期的客觀發展的合理方向，及其內在的因果關係，使人——特別是在歷史舞臺上扮演主角的人——能看清「他們自己在歷史上的任務」，而知所抉擇。「長期的合理性」也是作者對中國的前景仍然保持着樂觀的主要理由。客觀主義的歷史觀則使作者避開了一切價值判斷，而對中國大陸所採取的政策盡量予以客觀主義的（也可以說是最理性、最善意的）解釋。我們無論是否接受作者的史學預設或同意他對於具體事件的解釋（包括十年改革和天安門悲劇），我們都不能不對他的知識真誠和故國情深表示一種同情。這部《資本主義與廿一世紀》正是作者的理智和情感交織而成的作品。

現在我想利用這個機會簡略談一談我自己對資本主義問題的看法。首先我願意指出，本書作者對資本主義所採取的肯定態度，雖然其着眼是在技術層面，卻透露出近四十年來史學家在觀感上已有重大的轉變。一九五一年在法國公開的一次關於資本主義的史學研討會上，英國的經濟史家艾施頓 (T. S. Ashton) 指出，一般經濟史家處理資本主義在歷史上的位置，往往出之以指斥的態度，他們首先根據恩格斯《一八四四年英國工人階級的狀況》一書，說明工人階級怎樣因現代工廠的出現而陷入悲慘不堪的生活境地。宋巴特 (W. Sombart) 和熊彼得 (J. Schumpeter) 等名家都強調資本家追求利潤的貪得無饜和工人階級的日益貧困。所以資本主義僅有利於資本家而帶給工人的則祇是無窮的苦難而已。雖然具體的史學研究早已證明這種說明與事實不符，工業革命也改善了勞動者的生活品質，但一般史學家對資本主義的憎恨並不因之而有所改變。（最近約翰遜在《知識分子》論馬克思的一章中則指出恩格斯《工人階級的狀況》一書所根據的資料事實上是英國官方的調查報告，有些情況已經改變了，而恩格斯仍依之立論，見 Paul Johnson, *Intellectuals*, New York,

1988。）在同一討論會中，美國經濟史專家海克爾 (L. M. Hacker) 則撰文論美國史學家的「反資本主義的偏見」，他特別着重地指出畢爾德 (Charles A. Beard) 在這一方面的重大影響。畢爾德抱着童年在印第安那農業社會所培養出來的成見，從道德的立場上排斥資本主義，但是他對資本主義的生產歷程及其在美國經濟成長方面的重大貢獻卻並未作過深入研究。後來受畢爾德影響而治經濟史的人則更進一步控訴資本家的重大「罪行」。他們說美國大資本家根本是「強盜貴族」(Robber Barons)，其財富是由欺詐獲得的；這些資本家在經營的過程中掠奪了美國的所有天然資源；私有財產的社會後果是階級不平等、農業退居次要，以及貧民窟的大量出現等等。總而言之，資本主義在歐洲和美國史學家的筆下一直受到最不公平的待遇，從十九世紀末到二十世紀上半葉，多數抨擊資本主義的史學家同時也必然是嚮往社會主義的知識分子，例如熊彼得便曾公開宣稱：「資本主義社會將不可避免地趨於解體，並從而不可避免地為社會主義的社會所取代。」（Ashton 和 Hacker 兩文皆已收入 F. A. Hayek, ed., *Capitalism and the Historians*, The University of Chicago Press, 1954）

四十年前西方史學家對資本主義的偏見之深如此。但是這種偏見在五〇年代以後不但沒有消失，還普遍地加強了。這是由於一方面知識分子鄙視商業的心理源遠流長，另一方面，自十九世紀以來社會主義理想的吸引力始終不衰，直到最近十幾年，所謂社會主義國家的真相完全暴露了出來，大多數知識分子（包括史學家在內）才開始改變了看法，資本主義不再被看成萬惡之源了。

這裏我們有必要澄清一下資本主義與社會主義的關係。在二十世紀人的心目中，資本主義和社會主義似乎是兩種不同的經濟制度，可以由我們自由選擇。一般人即使不接受馬克思主義的歷史觀而肯定社會主義將必然取代資本主義，也不免以為這兩種制度各有優劣，取捨之間甚費斟酌。至於知識分子，基於公平原則的考慮，則多數傾向於社會主義。我覺得我們應該分辨兩種不同的社會主義：一是馬列主義一黨專政的社會主義，一是所謂民主社會主義。前者以暴力革命取消私有財產，實行全面計畫的經濟制度；後者採用議會民主的方式實行有限度的計畫經濟，但並不沒收一切私人財產。民主社會主義曾在英、法、北歐諸國以各種不同的程度出現。美國雖然沒有實行過民主社會主義，但它的累進稅制和社會福利政策也體現了民主社會主義的一部分的精神。以公平分配的原則而言，民主社會主義對現代文明的發展確有重大的貢獻。但是馬列主義的社會主義則完全是另一回事。以暴力革命沒收一切私有財產的結果是所有生產資料都控制在一個最具獨佔性而且全面專政的「黨組織」的手上。這個「黨組織」不但是唯一的封建領主，並且是唯一的大資本家，由於這個「黨組織」壟斷了所有的財富和權力，於是形成了一種祇有政府而沒有社會的局面。在西方而言，這是消滅了「公民社會」，在中國而言，也是消滅了「民間社會」。由於私有財產廢除，每一個個人都失去了自由和尊嚴，他們必須在「捧人的碗，受人的管」的狀態下向「黨組織」討生活。社會力量既不存在，「黨組織」成了不受任何約制的怪物。在五十年前，祇有蘇聯一國是這樣的「社會主義國家」，而蘇聯的真相又不為外人所知；即使偶有真實的報導，由於知識分子普遍地同情社會主義，也無法取信於世人。第二次世界大戰後出現了一個「社會主義陣營」，其內情已很難盡掩。但是最近幾年來，特別是一九八九年以後，東歐「社會主義國家」幾乎在一夜之間全部崩潰，蘇聯大帝國也面臨經濟破產和政治瓦解的邊緣，馬列主義的社會主義才開始在知識分子之間失去了往日的光彩。

今天我們已看清了以暴力革命建立的所謂「社會主義國家」的本質。這樣的「社會主義」是不能和資本主義相提並論的。資本主義誠然是西方文明的特有產品，然而它是在長期歷史的進程中，通過各種特殊因素的配合，自然而然的出現的。誠如本書作者所言，它是「歷史的長期合理性」的產物。這與以暴力建立並永遠以暴力維持的「革命社會主義」恰好背道而馳，後者是文明的一大逆流，是少數現代知識分子的狂妄的結果。為什麼是「逆流」？因為私有財產是文明的基礎，每一個個人都有足以保障獨立生活的私產才是文明的極致。所以一切文明的社會，包括初民社會，都以不同的形式建立了私有財產的制度。西方現代的資本主義不過是把財產權建立在更精密的法律系統之上而已。中國的孟子強調「有恆產者有恆心」，強調「仁政」必須「為民制產」，也早已道破了文明的奧秘。為什麼說是「狂妄」？文明的秩序是無數複雜的因素，通過幾千年的歷程，逐漸演進而成的。最近海耶克 (F. A. Hayek) 在 *The Fatal Conceit, the Errors of Socialism* (The University of Chicago Press, 1989) 的新著中分析市場的出現和成長，已展示得很清楚。其實何止市場，一切文明秩序的出現和發展也無不如此。除非是上帝，人的智力再高也不能憑空設計並創造出一個文明的秩序。現在少數知識分子竟要做祇有上帝才能做的事，這豈不是「狂妄」？不但海耶克如此說，科學哲學家涂爾明 (Stephen Toulmin, *Cosmopolis, the Hidden Agenda of Modernity*, The Free Press, 1990) 和思想史家柏林 (Isaiah Berlin, *The Crooked Timber of Humanity, Chapters in the History of Ideas*, Alfred A. Knopf, Inc., 1991) 分別討論全面「破舊立新」和西方烏托邦理想的興衰，也都不約而同地得到與海耶克相似的結論。總之，文明秩序祗能局部改進，不能徹底摧毀了之後重新設計重造。這也是司馬光所說的，舊房子如果還能勉強居住，不必拆了再建。

我並不認為西方的資本主義是使我們十分滿意的制度，更不敢說它可以原樣不動地照搬到中國或其他非西方地區。如果說日本已成功地移植了資本主義體制，我們也必須承認日本的「資本主義」仍有自己的文化特色，與美國顯有不同。但是中國大陸如果想重回文明的正流，首先必須恢復文明的基礎——私有財產，至於是否必須轉化為西方式的資本主義社會，反而是一個無關緊要的問題。

一九九一年七月四日於臺北旅次

費正清與中國

費正清 (John King Fairbank, 1907–1991) 先生於九月十四日在麻州康橋辭世了。半個世紀以來，他一直是美國的中國研究的一個重要的原動力；哈佛大學歷史系正式把中國近代史包括在課程之內是從他開始的。他的逝世象徵着這一學術領域的一個時代的落幕。五十年代中期，我在哈佛研究院進修時曾選過他的中國近代史，後來又和他共事多年。因此，他的逝世不免引起許多感想。現在姑就記憶所及，略述其人其學，以為紀念。

費正清先生無疑是一位具有高度爭議性的人物，而中國人對於他更有種種不同的看法。這主要是因為他的中國近代、現代史研究直接涉及美國的對華政策；而他的史學也確實是有意識地為美國政策服務的。我寫這篇文字希望儘量避免一切成見，根據我所瞭解的客觀事實，談談他的學術生涯的幾個側面。

一

首先我要指出，費正清的專業是中國近代史的研究和教學。除了第二次世界大戰期間他曾在華盛頓和重慶擔任過美國政府的職位外，他的一生基本上是在哈佛校園中渡過的。特別是從一九四六年以後，他的全副精神都集中在怎樣發展研究和教學方面。所以我們第一點要說的便是作為史學家的費正清。

費正清一九二九年從哈佛大學畢業，同年即去英國牛津大學攻讀博士學位。那時他已決心獻身於中國近代史的研究了。從他的《回憶錄》(*Chinabound, A Fifty-year Memoir*, 1982) 和早期著作中，我們知道他在中國史的研究上受三個人的影響最大：第一是摩爾斯 (Hosea Ballou Morse, 1855–1934)。摩爾斯在中國海關服務多年，退休後研究中國外交史，開闢了一個嶄新的史學園地。他的三卷本《中華帝國的國際關係》(*The International Relations of the Chinese Empire*，第一卷刊行於一九一〇年，第二、三卷刊行於一九一八年。）最負盛名。其書根據英國檔案，條理清晰，今天仍有參考的價值。（此書在六十年代曾有臺北影印本問世。）後來他又編輯了《東印度公司對華貿易》的史料五大卷 (*Chronicles of the East India Company Trading to China*)，更是具有永久價值的原始文獻。（此書七十年代曾重版。）費正清一九二九年到牛津大學去進修，在船上便通讀摩氏的《國際關係》，後來又走訪摩氏於其倫敦郊外的寓所，益增景仰。（摩氏是波斯頓人，一八七四年畢業於哈佛大學。）在摩氏的影響之下，費正清決定研究海關的檔案作為他的博士論文。

第二位對他發生影響力的學者是拉鐵摩爾 (Owen Lattimore)。拉鐵摩爾生長於中國，又曾遍訪中國的西北邊疆，深入中央亞細亞地區，是一位自修有成的邊疆史家。費正清在一九三二年到達北京後便結識了拉鐵摩爾，後者研究西北草原民族和中國在歷史上的關係，提出了許多新鮮的觀察，也發展了一套「地緣政治」的概念。這恰好可以和費正清關於東南沿海的貿易與外交的研究計劃互相補充。拉氏的中國邊疆史觀已涵蘊着漢胡並治 (dyarchy) 的傾向，費氏後來則進一步擴大為漢、胡與西方共治 (synarchy) 的概念。（例如以李鴻章代表漢人，以慈禧代表滿族，而以海關總監赫德 (Sir Robert Hart) 代表西方，詳見費

正清 "Synarchy Under the Treaties," in *Chinese Thought and Institutions*，芝加哥大學出版社，一九五七年。）這種特殊的解釋自然不容易為中國人所接受，但卻是費氏畢生所持的一個基本觀點。拉鐵摩爾的影響在這裏是顯然易見的。（按：費氏後來又吸收了日本學者關於「征服王朝」的看法。）

第三位對他發生了定型作用的史學家則是中國的蔣廷黻，其時正擔任清華大學的歷史系主任（一九二九——一九三五）。蔣氏那時正在整理清代外交史料，費正清在他的指導下開始致力於《籌辦夷務始末》的研究，以中國檔案與英國檔案互相勘對。除了檔案研究外，我相信蔣氏在外交史的概念上也對費正清有重要的啟發。費正清後來強調中國傳統的「朝貢制度」和鴉片戰爭後「條約制度」的差異；這一問題最先是由蔣氏提出的，不過未作深入而細緻的分析。費正清雖然不能算是蔣廷黻的弟子，然而事實上卻把他當作啟蒙的老師。所以一九七二年費氏訪問北京時，曾在一個講演的場合首先表示感謝蔣廷黻，公開承認蔣氏是領他進入中國近代史研究的「老師」，這樣的開場白在當時的北京還是需要一點勇氣的，我們不難想像主人是多麼的尷尬尷尬。（參看費正清《回憶錄》頁九一。）

摩爾斯、拉鐵摩爾和蔣廷黻都是中外關係史的專家，摩氏與蔣氏更分別倡導檔案研究。費正清在開始研究中國近代史時受到他們三個人的影響，從此便奠定了他的治史的規模。我們必須記得：費正清的取徑自始便是中國的國際關係，他是從外部逐漸進入中國史的內層的；後來他採用挑戰與反應的模式來解釋中國近代史的進程，可以說是這一取徑的自然發展。

在三十年代的西方，中國近代史作為一門學問而言，事實上是不存在的。那時在西方學術界佔有一席之地的中國研究祇有所謂「漢學」(Sinology)。但漢學的研究重心是在古典文獻，非精通古典漢文不能着手。費正清在哈佛大學畢業時還完全沒有接觸過中國語文，因此他不可能走上漢學這條路。更重要的是他早期的訓練在史學、政治學和經濟學；從社會科學的觀點出發，他對漢學似乎始終沒有太大的興趣或敬意。他認為漢學家的繁瑣考證祇不過製造了許多磚石，但是由於漢學家缺乏較有系統的概念結構，這些磚石根本無所施用。這一批評當然不是全無道理，而且中國近代史的研究較少涉及名物訓詁之類的問題，因而對於古典漢文的要求也不像傳統漢學那樣嚴格。但古典漢文的閱讀能力畢竟構成了研究題材上的一重限制。因此在費正清的着作中，凡是涉及大量古典文獻的，都是和中國學人合作的結果。在這一方面，他可以說是「不善將兵而善將將。」

二

費正清的著作很多，如果把他所編輯的會議論文集、劍橋中國史和資料書都計算在內，則數量更為驚人。據我們所知，他在去世前還完成了一部中國新史的撰述。那麼，什麼是他的代表作呢？我們現在還沒有讀到他的臨終絕筆，無從評論。但就已刊布的著作中，我個人認為有兩部書最有代表性：第一是《美國與中國》(*The United States and China*，初版刊於一九四八年)，第二是《中國沿海的貿易與外交：條約港口的開放，一八四二——一八五四》(*Trade and Diplomacy on the China Coast: The Opening of the Treaty Ports, 1842–1854*, Harvard University Press, 1953, 2 volumes)。這兩部書都是他自出手眼的精心之作，前者代表了他對中國史及美國對華政策的整體見解；後者則代表了他在史學專業上的造詣。我自然不能在這詳細討論這兩部書的內容；我祇能略說幾句關於它們的性質和作用。

《中國沿海的貿易與外交》是費氏的博士論文的擴大，從初稿到全書出版先後經過了二十年的時間。在史學體裁上，這是屬於窄而深的專題(monograph)的性質，但現代史學的發展主要便是建立在這一類專題的基礎之上。史學專題的特色第一是必須研究大量的原始史料；第二是在它的既定範圍之內，必須對一切內部的複雜問題儘量作到詳盡無遺的分析；第三是必須有一預設的概念架構足以統攝一切研究的具體成果。就這三點說，《貿易與外交》一書都達到了相當高的水平。費氏在這本書中把整個條約體制在各通商港口的建立過程敘述得相當細緻。這是史學家運用繡花針的本領。在這本書以後，費正清便沒有再寫過史學專題。他為了開闢中國近代史的園地，後來的著作便都屬於大刀闊斧的一型了。

《貿易與外交》是史學專題的上乘作品，但以影響而論則甚為有限，他把這一窄而深的問題大體交代清楚了，後人便無興趣再去作更細微的補苴工作了。由於全書篇幅甚大(第一冊本文近五百頁，第二冊附注與書目也近一百頁)，而分析甚細，除非是專門研究這一階段歷史的人，一般讀者是會望而生畏的。(我在三十多年前曾細讀一遍，那是因為我選修了一門「美國海洋史專題研究」的課程，着手寫一篇鴉片戰爭前中美貿易的論文之故。)費氏在這部書的結論章中曾企圖把這一專題的意義放大和中國史的現代轉化連繫起來。但是他的推論則得失互見，並不是專題研究的本身所能充分負擔得起來的。

費氏研究鴉片戰爭後條約體制在中國各通商港口的建立，他所採取的自然不是中國的觀點，但也不能說是「帝國主義的觀點」。事實上，他是儘量以冷眼旁觀的態度來處理這一段歷史的。我們不妨說他的立場是一種客觀主義的，也可以說是現實主義的。他估計了中、英兩國的實力，深知英人不得要求決不會罷休，而清廷君臣則完全不瞭解國際形勢和敵我強弱的懸殊。林則徐的禁煙雖足以快意一時，並贏得後世的景仰，但其實並未解決問題，以致激起鴉片戰爭，而以割地賠款和五口通商告終。這一觀點其實是承自蔣廷黻〈琦善與鴉片戰爭〉一文（《清華學報》六卷三期，頁一—二六，一九三一年十月）。但這也不是蔣廷黻故意作翻案文字，清代晚期真正瞭解國際情況的人如郭嵩燾也一再強調逞血氣之勇而輕啟戰機則僅足以為國家招禍。甲午中日之戰，李鴻章議和歸來，陳寶箴、陳三立父子要聯合督撫數人，力請先誅合肥，然而並不是因為李鴻章議和辱國，而是認為他在事前不肯在慈禧面前以死生去就力爭，阻止此戰，以致以國家為孤注，輕付一擲。（見黃濬《花隨人聖奩摭憶》，香港龍門書店，一九六五年，頁二一四）所以費氏的觀點絕不能簡單地解釋為代表帝國主義的侵華利益。他分析貿易和外交，完全着眼於雙方的利害打算和國力的比較，其中絲毫不涉及道德的判斷或感情的偏向。這是典型的所謂「客觀史學」的作品。但是費正清也未嘗不注意到中西的文化差異，及由此而引起的行為意義的不同。例如他論耆英一味企圖以私人交情籠絡英人樸鼎喳 (Sir Henry Pottinger)，這是中國文化的一種具體表現。然而後者則從未因此而放鬆他在政策上的嚴格執行，這則顯示了西方文化的公私分際。費氏能理解及此，可見他確有一定的深度。

但是費氏此書也暴露了他的限制，那便是他在西方史料上的功夫遠過於他對中國史料的運用能力。他所依據的文獻以英國為最重要，其次則是美國和法國。中文檔案則以《籌辦夷務始末》為主體。然而通體而論，此書所反映的主要是英國檔案中的歷史面相，這種情況在地方性的研究中尤其顯著。試以第十八章寧波港口為例，他除了用過一次《夷務始末》外，完全沒有中文資料，特別是方志的材料。他在這一章中提到一位「以夷制夷」的「段道台」（頁三四五—三四六），然而沒有進一步考出此人究竟是誰。其實此處的段道台是段光清（一七九八——一八七八），他於咸豐三年（一八五三）以寧波知府兼署寧波道台，至咸豐六年始他去。段光清在方志中是一定可以查得到的。（費氏書第二冊專名人名索引中確有「段光清」一條，但我在本文和注文都未查到，也許費氏後來已查出此人，但未及補入。）我之所以特別提及段光清這一枝節小問題是為了說明費氏此書在中文材料方面頗有遺漏，將來如果有人專從這一方面去下功夫，還可以發掘出中文史料所顯示的歷史面相，以補本書的偏頗。例如段光清曾留下了一部《鏡湖自撰年譜》（北京，中華書局，一九六〇年），對費書中所討論的葡萄牙海船和廣勇的爭鬥經過有更為詳細的敘述。（頁九五—九九）《鏡湖自撰年譜》出版在一九六〇年，費氏自然來不及參考。然由此一端即可知費書在中國史料方面必然存在着不少空白點，這一專題研究還沒有到家。費氏雖然力求客觀，但是他的歷史客觀性終因史料的內在限制而打了折扣。不用說，這一限制也不可避免地要影響到他的概念架構的建立。

費正清的《美國與中國》初版刊於一九四八年，是一部銷行很廣、影響很大的著作。在第二次大戰之後，它差不多成了美國一般知識階層認識中國的一本入門書。這本書主要是對於中國的社會、政治、文化和歷史提出系統的觀察和論斷，但詳近而略遠，大多數的篇幅都集中在近百年的歷史發展上。最後部分則是對美中關係的回顧和展望。這本書原是哈佛大學的「美國外交政策叢書」的一種。從全書的設計和組織，我們可以看出費氏是先求從歷史的觀點認識中國，然後再在這一認識的基礎上提出對華政策的方案。關於政策的部分，將留在後面再說，這裏先討論費氏對於中國史的整體看法。

費氏的看法其實是「卑之毋甚高論」，他對於傳統中國的主要論斷大抵是中國知識界自清末，特別是「五四」以來，所耳熟能詳的；舉其犖犖大者而言，如專制政治、權威式的社會結構、工商企業的不發達、士大夫的領導地位、龐大的官僚系統、儒教的定於一尊等等。這些論點的是非得失是另一問題，無法在這裏討論。值得注意的是費氏很早便已認識到：研究中國近代和現代的歷史必須反溯到中國的文化傳統。此後數十年間，他也是在美國推動傳統中國研究的熱心人士之一。就此點認識而言，他不失為一位有眼光的史學家。

但費氏對中國文化傳統的理解終嫌隔閡。他承認中國文化自成系統，不能事事以西方的標準來衡量。初看起來，這似乎是一種很開放的態度。然而從這一前提出發，他竟得出一個結論，說中國現代化之歸宿於極權體制主要是由中國文化本身所決定的。這便是他那個有名的論斷：共產主義不適於美國而適於中國。我們雖然不能因此而說他在下意識中還存在着西方人的優越感，但他對中國傳統的理解帶有嚴重的片面性則是可以斷言的。這也許是由於他在中國語文（尤其是古典中文）方面受到了較大的限制。他寫《美國與中國》及通論性的中國史時，基本上是以西方人的第二手文獻為根據，似乎沒有參考中國和日本的史學論著，更不曾接觸到原始史料。這一寫作方式在西方史學界本是常態，因為西方史已發展得很成熟，大綱維確已建立起來了。無論是寫法國、英國、美國或德國的歷史教科書，著者衹要根據最新而重要的專題研究便不難勝任愉快。但是在西方寫中國通史甚至斷代史卻沒有這樣的方便，費氏對中國傳統的片面理解當然不限於一個來源，他的歷史觀也發揮了相當的作用。大致說來，他比較重視人口、制度、社會經濟結構之類有形的東西，對於精神層面的因素如宗教、思想、文學、藝術之類則視之為派生的、次要的。最明顯的是他對於儒學的看法幾乎完全接受了「五四」以來的成見，即以它為維持專制體系的思想工具，而且對於古典儒家與宋明理學也不作有意義的區分。這一觀點曾招致狄百瑞

(Theodore Wm. de Bary) 的嚴重批評。狄氏不否認儒家曾為政治勢力所利用這一事實。但是他鄭重指出：如果我們僅僅把理學看作是支持王朝體系的精神護符，我們便不大可能透過「不變的中國」的種種表面現象而發現理學的「內在生命與動力」(inner life and dynamism，見狄氏主編的《新儒學的展開》，*The Unfolding of Neo-Confucianism*, Columbia University Press, 1975, p. 2)，所以狄百瑞能在理學史上看到一個「自由的傳統」(參看他的 *The Liberal Tradition in China*，香港中文大學出版社和哥倫比亞大學出版社會刊，一九八三年)，而在費正清的眼中儒學史則成了一環套着一環的精神鎖鏈。(「五四」領袖之一的胡適也承認中國思想史上，包括理學史上，有許多爭自由的豪傑之士。就這一點說，狄氏與胡適的看法相近，費氏則與之相反了。這個對比十分有趣。) 在這一類的大問題上，史學家見仁見智是很自然的，但這個例子確足以說明費氏的歷史觀在最關鍵的地方決定了他對中國傳統的理解。

費氏的歷史觀大致取自當時西方的主流史學，強調社會科學在史學研究中的主導地位。但是他並不是一個有理論興趣的史學家，更沒有發展出一套有關中國史的系統看法。有人以為他接受了魏復古 (Karl A. Wittfogel)「東方專制」的理論，其實完全是出於誤會。費正清既不是馬克思主義者，也不相信任何特殊的歷史理論。他在《美國與中國》一書中雖然提到魏復古的「東方專制」說，但並沒有用它來解釋中國史。總之，他和絕大多數的西方史學家一樣，祇有一般的歷史觀點和立場，而沒有特別的理論體系。事實上，歷史理論家往往不一定能寫出好的史學作品，而在史學上有重要貢獻的史學家也不必都有自己的理論。費氏雖曾援引「挑戰與回應」之說以解釋中國近代史的發展，但這祇是一個粗枝大葉的觀念，不能算是嚴格意義上的歷史理論。

《美國與中國》出版後，經過了三次修改和擴大，即一九五八、一九七一和一九七九的第二、第三和第四版。最後他在一九八三年又增添了一章新跋。從這部書先後幾次的修訂，我們可以清楚地看到著者的歷史知識與時俱進，每一新版都充分反映了中國史研究在當時西方的進度。一九四八年初版的「參考書目」(Suggested Reading) 祇占薄薄的十八頁，一九五八年第二版也不過二十四頁，但最後一版（一九八三）則已擴大到九十二頁。根據作者引得的約略估計，所收參考書當在一千三百種以上。這一千多種西文著作，費氏大體上確曾過目，這是可以從他的簡短介紹詞中看出來的，有些比較重要的論著他還偶然加上一兩字的評語。其中有一部分專題研究更是他耳熟能詳的，因為這些都是由他所指導的博士論文改寫而成的。由於他不斷地根據最新的研究成果而修正這一部綜合性的《美國與中國》，他在許多個別的論點上常有重要的改變。一般地說，他在知識上是採取了相當開放的態度，而且能虛懷接受批評。例如狄百瑞關於理學的批評，馬孟若 (Ramon H. Myers) 和墨子刻 (Thomas A. Metzger) 關於中國傳統與共產主義的批評，以及柯亨 (Paul Cohen) 關於「挑戰與回應」說的批評，他在最後一版中都作了一定程度的修正。但是通體而觀，他的整體概念結構——也可說「典範」(paradigm)——並沒有改動，一切調整都是局部的。為什麼呢？我想這裏也有一個簡單的解釋。據他的自傳，他在一九四六——一九四七年開始構想此書的階段，即決定用社會科學的概念來統攝全書。他當時在哈佛的中國地區研究的課程上，曾邀請社會科學家來講演，他自己隨堂寫筆記。後來他又特別請哈佛同事政治學家佛烈德烈 (C. J. Friedrich)、經濟學家麥遜 (Edward S. Mason) 和社會學家帕森思 (Talcott Parsons) 分別給他寫下了有關政治學、經濟學和社會學的基本原理的簡單提要。他便把這些概念運用在中國資料上面。(見頁三三六)這一概念架構既經建立之後，他便再也沒有時間去作重大的改變了。所以他在局部見解上雖能與時俱新，但全書的基本論點則仍然保持着一九四七年的面貌。

關於此書所涉對華政策的部分，我們將在後面討論。

三

但是費正清對中國研究的最重要的貢獻並不限於他個人的著作，而毋寧更在他的學術事業。中國近代史和現代史在美國正式進入史學的主流，他是發生過關鍵作用的。關於這一方面，不但他在自傳中已有較詳細的敘述，而且他的晚年弟子額文思 (Paul M. Evans) 在《費正清與美國人對近代中國的理解》(*John Fairbank and the American Understanding of Modern China*, New York: Basil Blackwell, 1987) 專書中更有深入的發掘。我不想重複這些已廣為人知的事實。因此祇想就個人聞見所及談談他的學術事業。

一九五五年十月我初到哈佛時，費正清的東亞研究中心才剛剛成立，一九七七年我離開哈佛時他也恰巧在同年退休。所以我適逢其會，親眼看見這二十二年間他的事業的開創和發展。

費正清在事業上的成就當然首先要歸功於他個人的組織和推動的能力。但是他的客觀憑藉——哈佛大學——也是非常重要的。哈佛不但是美國歷史最久、聲望最隆的大學，而且在東亞研究方面也具有最雄厚的基礎：它的藏書（哈佛燕京圖書館）和東亞語文、古代史以及文學史的課程（遠東語文系）在美國各大學中都是遙遙領先的。因此以哈佛大學為基地而發展中國近代和現代史的研究，費正清自然比別人佔了很大的優勢。他的東亞研究中心在六十年代得到各大基金會的大力資助，差不多在美國形成了一枝獨秀的局面，這是和哈佛大學分不開的。

費正清是在一九三六年開始在哈佛大學歷史系任教的。在他之前，哈佛歷史系雖已開設了近代遠東史的課程，但任教者如荷恩貝克 (Stanley K. Hornbeck) 並不懂中文，祇能根據西文資料講授。最近康乃爾大學的退休教授畢格斯塔夫 (Knight Biggerstaff) 先生告訴我，他在哈佛隨荷氏讀中國史時，荷氏便督促他必須先學好中文。畢氏因此才決心於二十年代末期到北平去留學。所以嚴格地說，哈佛大學歷史系開設中國近代史的專業課程，實自費正清始。在短短二十年間，他不但在哈佛大學歷史系開闢了一個新的園地，而且還把這塊園地耕耘得欣欣向榮。更由於他倡導以社會科學研究現代中國，哈佛的政治系、經濟系和社會系也都在他的積極推動之下先後增設了有關中國的專門講座。這種創業的本領確是很驚人的。但是我們也應該知道，他之所以能在哈佛大展身手，最初也有一點社會的憑藉。他在自傳中曾透露，他到北平不久便有機會接觸到中國學術界的領袖如胡適、陶孟和、丁文江等人。這是由於他的未來的岳丈堪農(Walter B. Cannon)的推介。堪農是當時哈佛大學醫學院中具有世界聲譽的生理學大師，和北平協和醫學院的美國教授們頗有交誼。通過這些美國友人的安排，費正清才能以一個研究生的身分和中國第一流的學者交往。對於他而言，這是精神上一大的鼓勵。(見 *Chinabound* 頁四五－四七。按：胡適是協和醫學院的董事。《胡適的日記》，臺北，遠流出版公司，第十二冊曾提到堪農訪問北平的情形，並特別注明他是費正清的「妻父」，見一九三五年五月二十四日條。)

堪農在哈佛大學是極受尊敬的人物，這對於費正清的事業發展大概也很有幫助。一九五五年秋天我奉父命曾拜訪過老施萊辛格教授（Arthur M. Schlesinger, Sr.，他是我父親在哈佛的老師）；那時他已退休，而他的兒子小施萊辛格則已繼承父業，是哈佛美國史的名家了。老施萊辛格對費正清的學問和能力都十分稱讚，並且告訴我：他是十分支持費氏的中國近代史研究的。後來我才發現費正清和小施萊辛格原是連襟。美國社會以公平競爭為第一原則，自然不注重人事關係，但是在公平的基礎之上，人事關係也不能說完全沒有影響。

費正清以哈佛為基地而發展中國近代、現代史，他的主要成績表現在兩個方面：第一、是他培養了大批的專家，後來幾乎壟斷了美國各主要大學的中國研究和教學。據他在自傳中的粗略估計，哈佛出身的東亞專家到一九八一年止已遍佈於全美七十五所大學之中。不用說，其中教中國近代史的大都是在他的指導下寫成博士論文的。

費正清先後指導的博士論文不下數十篇，大都集中在十九世紀。他對於中國近代史研究的方向有比較全盤的構想，因此他往往向他的研究生建議具體的博士論文的題目；而且在論文撰寫的各階段，他也很盡心地提示意見。在這種教學相長的過程中，他自己對中國近代史的認識也逐漸深化。楊聯陞先生曾不止一次對我說過：費正清對於中國十九世紀史的瞭解，特別是在中西關係史方面，確可當卓然大家的稱號而無愧。別的不說，幾十篇博士論文指導下來，他的歷史知識無論在廣度和深度上都不是同儕所能企及的了。楊先生和費正清共事比我久，共同參加學術會議和給予博士口試的次數也比我多，他的評語是很公允的。

第二、在領導東亞研究中心的發展上，費正清也同樣有卓越的表現。顧名思義，研究中心自然是以研究為主要任務。但費正清的計劃還包括最後一步，即將研究的成果儘快地公之於世。從這一方面說，研究中心的工作和博士論文恰好是銜接的。一般而言，美國的博士論文是一種初步的研究訓練，因此論文很快出版為專書者不多。史學尤其如此，因為史學研究的成熟需要較長的時間。但是費正清的構想則大不相同；他在建議博士研究生選定論文題目的時候，便已打算把它變成一部專題研究的書了。這個打算至少有兩層好處：第一是用最快的方式填補中國近代史園地中出版物的空白；第二是幫助他的學生較早地奠定他們的教學地位。費正清的深謀遠慮在這一方面表現得最為突出，事實證明他的計劃是完全成功的。東亞研究中心在這一點上則發揮了重大的橋樑作用。在中心的資助之下，他的學生在獲得學位之後，有些可以留在哈佛一兩年，全力修改論文成書，有些則可以利用暑假回到康橋來繼續加工，所以五十年代末以來哈佛大學出版社所刊行的《東亞研究叢書》中，這樣的博士論文佔有一個很高的比例。

但是哈佛的東亞研究中心同時又是向全美國，以至全世界開放的。它每年都聘請幾位外面的學者為訪問研究員，在哈佛從事研究和寫作。這些研究成果也往往收入《東亞研究叢書》之內，成為哈佛的中國研究的一個重要組成部分。從一九五五到一九七三，費正清主持東亞研究中心先後共十八年之久。在這一時期，他對於推動中國近代和現代的研究確作出了重要的貢獻。

從他一生的工作成績來看，費正清的努力方向與其說是在個人的學術造詣，毋寧說是在開拓一個新的研究園地。他曾和許多學者合作，編譯了大量的文獻和書目，這都是開拓園地的「為人之學」。例如他和劉廣京先生費了三年的時間編成中國近代史的中文書目（*Modern China: A Bibliographical Guide to Chinese Works, 1898–1937*，一九五〇年出版）；

又在東京花了整整六個月的功夫全力與坂野正高、山本澄子合編了一部日文書目（*Japanese Studies of Modern China: A Bibliographical Guide to Historical and Social Science Research on the 19th and 20th Centuries*，一九五五年出版；後來又得蒲地典子之助編了一個續篇，一九七五年刊行），這兩部書目給予後來的研究者以無限的便利。據坂野正高先生的回憶，費正清在編日文書目時，從早到晚，全神貫注，無片刻間斷，這種「為人」的精神是值得表揚的。（參看坂野正高，《イメジの万華鏡——私の米国・日本・中国体驗》，東京筑摩書房，一九八二年，頁二六三—二七四）

費正清在自傳裏曾引過美國學術界的一句戲言：地域研究好像有一種感染的力量，研究者在不知不覺之間便沾上他所研究的那個地域的人的特性了。（頁一四五）那麼費正清是不是也染上了中國人的色彩呢？特別是他作為東亞研究中心的創始人和長期領導者，是不是也有中國式的權威家長的作風呢？

從中國人的觀點看，費正清確可說是一個有「霸才」的人，楊先生便曾用「霸」字來形容過他，有時又說他擅於「縱橫捭闔」。大概在早期創業時代，他表現得既有衝勁，又有手腕。若非如此，他也不可能在美國創出一番事業來了。在他主持東亞研究中心的期間，他對中心的事情當然擁有最高的決策權。研究中心的其他同事因為尊重他是創辦人，也很少反對他的決定，久而久之，他自然有點「大家長」的風範。記得五十年代末，研究中心設在敦斯特街 (Dunster Street) 十六號的時代，研究中心的收發檯上有兩個文件盒子，上面分別寫着「上諭」和「奏章」的中文名目。凡是由費正清發出去的文件叫做「上諭」；凡是收進來的文件都叫「奏章」。這當然是開玩笑的舉動，絕對認真不得。但多少也反映了一點地區研究的感染力吧。

東亞研究中心設有一個執行委員會，是決策的機構，委員由文理學院院長每年函聘。我清楚地記得有一年費正清休假，由一位年輕的美國同事代理主任的職位。第一次開會時，這位代主任開口第一句話便說：「好了，現在我們大家都是平等的了。」我們都忍不住笑了。這句話倒不全是笑話，可見不少美國同事對「大家長」的作風是不大願意接受的。但是我必須說一句公道的話，我並沒有感到費正清有什麼特別霸道之處。我參加執行委員會先後十年（一九六七——一九七七），和他開過無數次的會，一切提案都是經過公開討論然後通過的。也許他在會前會後有運用他的特殊影響力的地方。由於我個人對於校園中的所謂「政治」毫無興趣，因此我從來不曾發生過任何敏感。有時楊先生和我想推動早期中國史的研究，祇要提案的理由充足，也同樣可以在執行會議上獲得一致的支持。

外面的人不清楚哈佛的內情，往往誤以為費正清壟斷了哈佛的中國研究，甚至東亞研究。這是很荒唐的觀念。以東亞研究而言，日本方面的領導人是曾任駐日大使的賴世和(Edwin O. Reischauer)。賴氏的基地是遠東語言學系（後改為東亞語言與文明學系）和哈佛燕京學社。他和費正清年齡和學歷都相若，彼此之間是既合作又競爭的關係。所以有關日本研究的發展，費正清是完全管不着的。而且日本方面由於有日本基金會的大力支持，財力遠勝於中國部分。即使在中國研究的範圍之內，費氏所能當家作主的也僅限於中國近代史和中共研究。中國早期歷史以及文學、語言等學科都屬於東亞學系，是在他的勢力範圍以外的。東亞學系最初是和哈燕社二位一體的；早期東亞學系的經費幾乎完全來自哈燕社，直到六十年代以後，因為學系擴張得很快，才逐漸在行政系統上劃分開來。哈燕社擁有永久而充足的基金，每年除依照一定的比例將其年息撥給哈佛大學以外，其餘部分都由哈燕社獨立運用。所以它可以設立訪問學人的計畫和資助東亞地區的種種研究項目。費正清似乎從來沒有參加過哈燕社的重要決策。我在哈佛任教的時期，哈燕社設立了一個東亞研究計畫委員會，每年撥款協助日本、臺灣、南韓、香港等地區的研究機構。所以哈燕社每年必須開一次撥款會議，決定所要支持的項目，而且以當時的標準言，經費的數字是很可觀的。這個委員會我也參加過多年，但是我便記不起費正清曾出席過這個撥款會議。費正清之所以予人以獨霸哈佛的中國研究的印象，自然也不是沒有原因的。首先是他的確把東亞研究中心辦得有聲有色；其次是他所推動的中共研究直接衝擊到美國的外交政策，因此特別受到國內和國際的注意。他研究中國近代、現代史並不完全是從學術的觀點出發，更重要的是他要改變美國的對華政策。

四

費正清引起的爭議，特別是在中國人之間，主要是在於他對中美關係所持的立場。而他的立場又和他對中國歷史、現代革命以及國、共兩黨的認識密切相關。這一問題如果認真討論起來，勢必很費筆墨，現在我祇能作一扼要的說明。

反共而支持國民政府的中國人一向都把費正清看作是「親共分子」，甚至「陰謀顛覆中華民國」。五十年代初期，美國正處於麥加錫主義 (McCarthyism) 的恐怖氣氛籠罩之下，許多自由主義派的知識分子都被懷疑為隱蔽的共產黨分子或同路人。當時「誰丟了中國大陸」是一個家喻戶曉的問題。一個最流行的說法便是：國務院中潛伏了不少共產黨間諜，這是國民黨失去大陸的一個重要原因。抗戰期間駐重慶的外交人員如謝偉志 (John S. Service) 和戴維斯 (John Paton Davies) 都蒙重大嫌疑而終於被趕出國務院。費正清也曾在戰時重慶擔任過美國大使的特別助理，後來又出任美國新聞處處長。因此他在麥加錫時代也受到懷疑並應召至參議院聽證會答辯。

今天事過境遷，恩怨也將盡，我們可以比較平心靜氣地回顧這一段歷史了。把中共席捲大陸歸咎於美國國務院內少數袒共的外交官，顯然是一種絕不能成立的簡單化。一九四九年中國的大變局有長遠的歷史背景，也有近期的原因。如果一定要追究責任，最直接的責任當然必須由國民黨承擔。一九四五年二月的雅爾達秘密協定，以及因之而來的蘇聯進兵東北和中共武力出關，誠然加速了國民黨崩潰的過程。但大陸易手的根本原因並不在此。到了一九四八年以後，美國國務院中即使沒有袓共分子，美援可以予取予求，國民黨的敗局也難以挽救了。所以我不大相信美國的袓共分子，包括謝偉志、戴維斯、費正清等人在內，曾經對國民黨政權造成過嚴重的傷害。事實證明，一九四九年以後，美國政府仍然一直是支持臺灣的，費正清的言論並沒有發生改變美國對華政策的作用。一九七〇年以後美國的政策改變主要是由客觀的國際形勢所造成，似乎也不能把一切的責任推在少數所謂「中國通」的身上。我這樣說，並不是為美國的「中國通」辯護；我祇不過是要指出：這些人並沒有左右美國政策的力量，我們不宜過高地估計他們的作用。費正清也不是例外。事實上，袓共的「中國通」是在美國政府已決定改弦易轍之後才派得上用場的。尼克森一九七二年到大陸去「朝拜」毛澤東，據費正清自述（頁四〇八），最初是他在一九六八年向基辛格獻策的。但是我們知道，尼克森早在一九六八年當選總統以前便已籌劃怎樣拉攏中共以抵制蘇聯，並使美國從越戰的泥淖中拔出來了。上面用的「朝拜」兩個字是很嚴肅的，因為費正清對基辛格說：中國自古有「朝貢」傳統，美國總統主動先訪北京是會滿足毛「皇帝」的心理的。姑且不論這個解釋是否過於簡單，即使真如費正清所說，他這一獻策「改變了歷史」，其貢獻也僅限於外交技術的層面。尼克森的對華政策則早已決定了。

從一九四六年開始，費正清便在美國輿論界公開主張美國應該完全放棄對國民黨的支持，趕快和中共取得諒解。他相信中共所領導的革命是無可阻擋的。但中共並不是蘇聯的附庸，它的努力主要是為了改善農民的經濟生活。到了一九四八年年尾，國民黨眼看着便要退守華南或臺灣了。費正清更大聲疾呼，警告美國決不能繼續承認蔣介石的流亡政府。他堅信中共已得到中國農民的支持，他們固然是真正的共產主義者，但同時也是真正的中國人。美國衹有及早回頭，支持中共，才有可能把中國從蘇聯那邊爭取過來。(以上各點都見於他在自傳中所引的文字，頁三一五—三二一。)

我們今天看得很清楚，如果美國政府當時實行了他的建議，臺灣自然早已成了中共的囊中之物，這四十年來的經濟發展和最近三四年來的政治開放當然更是無從說起了。難道費正清真的是中共的「同路人」嗎?他為什麼這樣偏袒中共呢?又為什麼這樣痛恨國民黨呢?要瞭解這一點，我們必須從他在中國的經驗說起。

費正清是一九四二年被派到重慶美國大使館任職的。他常常奔走於昆明、成都、桂林等地，和中國留學英美的高級知識分子有廣泛的接觸。他早年曾在清華任教，因此和西南聯大的自由主義派教授更有深厚的關係。因此他對國民黨的觀感基本上反映了這一羣中國知識分子的看法。他斷定國民黨從一九四三年起開始失去民心（見自傳第二十章）；這恰好也是昆明教育界人士的共同結論。一九四三年秋天，聯大國民黨黨員教授向重慶當局陳述國內形勢，由馮友蘭以聯大區黨部的名義起草了一封給蔣介石的信，大意是說：

照國內的形勢看，人心所向似乎不在國民黨，要收拾人心，必須開放政權，實行立憲。（見馮友蘭，《三松堂自序》，北京，三聯書店，一九八四年，頁一一四）

同年的七月二十八日，寄寓紐約的胡適在日記中也寫道：

費孝通教授來談，他談及國內民生狀況，及軍隊之苦況，使我歎息。

他說，他的村子裏就有軍隊，故知其詳情，每人每日可領二十四兩米，但總不夠額；每月三十五元，買柴都不夠，何況買菜吃？如此情形之下，紀律那能不壞？他說，社會與政府仍不把兵士作人看待！兵官每月四百元，如何能不舞弊走私？（見《胡適的日記》，臺北，遠流出版公司影印本，一九九〇年，第十五冊，一九四三年七月二十八日條）

這兩條獨立來源的史料可以證實費正清的判斷不是嚮壁虛造的。

一九四三年秋天已在美國參戰一年多以後，國民黨於安心之餘，更增漲了一股虛驕之氣。這股虛驕之氣到處可見，宋子文任外長後逼走胡適大使，不過是外交方面的一個較突出的例子而已。（見上引《胡適的日記》一九四二年五月十九日條。）在國內教育界，國民黨的虛驕則充分暴露在加強思想控制上面。甚至教授出國講學或進修也必須先在中央訓練團「受訓」。所以連一向不問政治的陳寅恪也在一九四三年春天寫下了：

讀書漸已師秦吏，鉗市終須避楚人

這樣憤慨的詩句。（見《寅恪先生詩存》頁一六，收在《寒柳堂集》，上海，古籍出版社，一九八〇年。）

國民黨為淵驅魚，把許多自由主義者推上了激進化的道路。在這一激進化過程中，有些人開始左轉，對共產黨發生了「民主」、「自由」、「進步」、「現代化」種種幻想，費正清也在這種氣氛之下主動地去和重慶的中共人員接觸。當時中共在重慶的兩位女將——龔澎（喬冠華的妻子）和楊剛（《大公報》記者）——是最受美國外交界和新聞界的歡迎的人物。他們不但都能說流暢的英語，而且也具有第一流的「統戰」技巧。他們並不向美國人宣傳延安多麼好，而是集中火力攻擊國民黨怎樣踐踏人權——暗殺、摧殘言論自由、逮捕民主人士，剝奪人民遊行和罷工的權利等。這些說詞當然句句都震動了美國人的心弦。一般年輕而熱誠的美國人固不必說，即使像費正清這樣比較成熟的人也覺得左派集團是沉悶的山城（重慶）中一股清新的空氣。他和左派的交往越來越密切了。（以上皆見自傳第二十一章。）

一九四四年五月一日，郭沫若有一封〈答費正清博士〉。那時郭沫若的〈甲申三百年祭〉剛在重慶《新華日報》副刊上發表不久，以明亡影射國民黨，以李自成集團影射中共。其中一個最重要的弦外之音，即獻議中共以李自成為前車之鑒，不要被勝利冲昏了頭腦。這篇文章曾在延安成為學習文件，現有毛澤東給郭沫若的信為證。國民黨當然也具有起碼的政治敏感，所以《中央日報》刊出了一篇社論痛加駁斥，引起郭沫若的驚慌。（這篇社論──〈斥亡國主義〉──是由陶希聖執筆的，詳見他的《潮流與點滴》，臺北，傳記文學出版社，一九六四年，頁二一七。）在〈答費正清博士〉中，郭沫若竟把整個事件說成這樣：

……三月二十九日是明朝滅亡三百年祭的紀念日，我在《新華日報》副刊上發表了一篇紀念文字，不料竟遭應該以革命為生命的某報於三月二十四日用社論來作無理取鬧的攻擊。我們的官方最近答覆貴國的輿論時，說我們中國是最民主，言論比任何國家都還要自由，這是多麼有趣的事呀。我所寫的本是研究性質的史學上的文字，而且是經過檢查通過了的，然而竟成了那麼嚴重的問題。這樣的言論自由真真是世界上所沒有的啊。（原收在《沸羹集》，此據《沫若文集》第十三冊，北京，人民文學出版社，一九六一年，頁一四〇）

這是明擺着用謊話來激起美國人對國民黨壓迫「言論自由」的憤怒。這封信的後半段強調了他們所爭取的是「民主化」和「現代化」，而先決條件則是「肅清」中國內部「法西斯式的頭腦」。因此這種「鬥爭」「也需要國際的友人的幫助」。不用說，這封信的用意是通過費正清離間美國和國民黨的關係。我們通過這一文獻可以看出當時重慶的左派怎樣在美國外交人員的身上作細緻的「統戰」工夫。

一九四三年年底費正清奉調回華府時，他對蔣介石和國民黨的厭惡已到了無以復加的地步。另一方面他已開始把希望寄托在中共所領導的「革命」上面，用他自己的話說，「延安在遠方閃耀着光芒。」（見自傳頁二六六）費正清自己並沒有去過延安，但他完全信賴美國外交、軍事人員和西方記者的報導，因為這些先後不同來源的報導都完全一致。我們祇要引兩段謝偉志和戴維斯的觀察，便可以充分說明費正清的判斷的根據了，因為這兩個人正是他所最為欽佩的「中國通」。謝偉志在一九四四年十月九日的備忘錄上寫道：

（中共）這一總動員的根據及其所以可能是建立在一個經濟、政治、社會的革命上面。這一革命是溫和的與民主的。它通過減租、低利息、稅制改革、和好政府而改善了農民的生活。它給予農民以民主自治、政治覺悟、和一種權利的意識。它把農民從封建束縛中解放了出來，並賦予他們以自尊、自賴和一種為羣體利益而合作的強烈感受。一般人民是第一次獲得了值得為之戰鬥的東西。

戴維斯在同年十一月七日檢討中共驚人的擴張速度時則說：

這種非常的活力和力量有一個簡單而又基本的原因，即羣眾支持和羣眾參與。共產黨的各級政府和軍隊是中國近代史上第一次得到人民積極而廣泛的支持的政府和軍隊。他們如此得到支持是因為他們的政府和軍隊是真正由人民組成的。(以上兩段均譯自《白皮書》頁五六六—五六七。此所據者為一九六七年斯坦福大學出版社重印本，易名為 *The China White Paper, August, 1949*)

這兩段話今天讀起來簡直比神話還要荒誕不經，但當時確有不少美國人信為事實，包括費正清在內。延安時代中共政權的真相今天已有許多暴露文字，都是中共自己人點點滴滴透露出來的。我們也不必在此多費筆墨了。而且西方記者和各式各樣的訪客把所謂「文革」時代的大陸描寫成天堂一般還是記憶猶新的事。費正清始終是深信這一類的報導的；在他的心目中，西方人不但客觀公正而且眼光敏銳，他們的第一手報告還能有懷疑的餘地嗎？所以一九七二年一位不懂中文的澳洲記者，在大陸上跑了兩次，寫了一本《八億人：真正的中國》(即 Ross Terrill, *800,000,000: The Real China*, Boston, 1972)，也得到費正清的最高的讚揚。總之，四十年代的延安，五十年代後的北京，對他來說都一直「在遠方閃耀着光芒」。大概要到一九八九年六月四日以後，這光芒才息滅或減弱了。

上面分析了費正清對國共兩黨的認識的來源和過程。幾十年來，他厭惡國民黨而傾心共產黨，這是無可否認的事實。記得我初到康橋不久，在他家中的週四茶會上，便聽到他們夫婦和其他的美國客人討論聯合國中國代表權的問題。他們那一羣人幾乎都是主張中共應該取代國民黨的。費夫人笑着對我說：你大概不贊成吧！我說：抱歉得很，我是不能同意你們的看法的。她繼續問我：因為你反共而擁護國民黨嗎？我說：我是從香港來的，國民黨懷疑我是「第三勢力」，因此不肯發護照給我，以致我祇得以無國籍的身分取得簽證的。你說我有什麼辦法擁護國民黨呢？但是我確實是反共的。我覺得你們實在不瞭解中國共產黨。對話到此為止，說不下去了。不過我看得出來，他們都自負對中共有深刻的認識，我的話是不可能發生絲毫影響的。此後我再也沒有和費正清涉及現實政治的討論。唯一的例外是一九六七年，臺大要解聘殷海光，費正清晚上找我到他家去，商量怎樣由哈燕社出面給殷海光一筆研究費，邀他來訪問。我的任務是根據殷海光的着作向哈燕社陳詞。在談話之中，我察覺到他對國民黨深惡痛絕，我指出國民黨恐怕不可能讓殷海光出境，他表示一定要通過美國政府施壓力。最後殷海光還是未能成行，祇好由哈燕社將研究費按期匯給他，使他可以繼續留在臺大。

費正清反國民黨已到了情緒化的地步，這和他的冷靜深沉的性格極不相稱。這一情緒的根源雖可追溯到重慶時代的經歷——包括常被戴笠的特務監視，但更重要是在麥加錫時代，國民黨特務機構向美國安全機構提供了一個秘件，說他曾向蘇聯情報人員洩露過外交機密。據中文原件說，這是一個共諜在臨刑前的口供。（見自傳頁三四六—三四七）我想大概對這件事他始終耿耿於懷，因為這是可以毀掉他的舉動。

儘管費正清一生傾向中共，他並沒有絲毫「同路人」的嫌疑，也從來不曾信仰過馬克思主義。他是一個典型的美國學院派的自由主義者，具有一切自由主義者的長處和短處。他對國民黨的認識大體上是符合事實的，甚至《白皮書》中有關國民黨的分析也祇有偏頗而沒有揑造。但是作為美國對華政策的評論者，費正清和他同時代的「中國通」都有一個共同的致命傷——他們完全不瞭解中共的性質。國民黨的一切缺點都暴露在表面上，人人得而見之。這還不僅因為國民黨是執政黨，必然招怨。更重要的是國民黨一心一意要學蘇聯式的「一黨專政」，而根本不具備「一黨專政」的社會條件。國民黨執政以後完全沒有觸動既存的社會結構，士、農、工、商各社會階層都在循着原來的軌道進行自我調整，以求適應現代的變化。因此國民黨的控制祇能及於政治表層，而不可能深入社會，反對者無論是個人或團體總可以在社會上找到支持點。國民黨採取任何方式壓制反對者最後都會暴露出來而招致社會上更大的指責。而且國民黨「一黨專政」的理論是不徹底的，它祇能以「訓政」為藉口。但「訓政」時期畢竟不能無限延長，最後仍必歸於「憲政」。國民黨在口頭上既不能不尊重憲法、人權、自由等現代價值，在實踐上卻又往往背道而馳。它的弱點因此更容易暴露。抗戰初期國民黨因為民族危機而得到社會各界、各階層的支持。但國民黨內一部分人士都趁機加強「一黨專政」，民國二十八年（一九三九）所推行的「黨化教育」便是一個例子。但是由於社會有抵抗力，「專政」並不能處處得心應手。例如西南聯大雖設有區黨部、訓導處，並要求院長以上的人必須入黨。事實上，聯大仍繼續其自由傳統，並無任何實質的改變。丁文江說國民黨的專政是假的，真是一語道破。不過專政儘管是假的，引起的反感則是真的。費正清對國民黨的成見，有一大部分資料便是從聯大教授那裏獲得的。

如果祇就費正清對國民黨的批評而言，他的話大致都是有根據的。但是如果就他對國共兩黨所作的對比而言，則其偏頗實在到了驚人的地步（戴維斯與謝偉志等人也是如此）。他把中共看成了代表絕大多數中國人的革命的新生力量，而且斷定「左派的叛亂」是中國的「唯一的出路」。在他看來，中共所領導的「革命運動」是「不可能被壓制的」，因為它體現了「農民解放和五四以來所楬櫫的民主和科學種種理想」。（引號中的話都見於他的自傳，頁二八六）這些話在今天讀起來簡直是天方夜譚，但是從一九四三年起，這一直是費正清的堅定不移的信念。（我不清楚他在最後兩三年有沒有改變或改變了多少。）

費正清對於國民黨的認識確是基於親見親聞，但是關於中共及其所控制的陝甘寧邊區，他的知識則完全從美國官員和記者們那裏轉手得來的。誠然，這些西方人的報導有驚人的一致性，使他覺得沒有致疑的餘隙。然而問題卻恰恰發生在這裏。我們今天已看得很清楚，共產黨的統治下根本不存在任何獨立於黨控制之外的社會，不但沒有西方式的公民社會，便是中國傳統的民間社會也消滅得乾乾淨淨。所以共產黨確能一手掩盡天下人的耳目，滴水不漏。外來的訪問者祇能看到它願意讓你看到和聽到的情況。而且抗戰時期的延安和邊區，交通不便，外國人要去訪問或考察，都必須經過事前的安排和佈置。沒有人能夠作不速之客，忽然闖進去隨意走動。在這種情形之下，無論有多少西方人寫所謂「解放區」的訪問報告又怎麼能沒有「驚人的一致性」呢？這當然不是費正清當時所能想像的。

但是費正清不能瞭解中共還有更深一層的原因。說起來非常有趣，費正清不能瞭解中共正因為他對中國近代以前的歷史有一些認識。他平時常常強調中共所建立的秩序並不能看成完全是馬列主義征服中國，其中也有傳統的背景。這一說法的本身當然是有根據的，但問題在於中共所承繼的究竟是什麼傳統？費正清似乎傾向於以王朝體系、儒家正統、天命論、朝貢制度之類與一黨專政、馬列主義、歷史必然論、「革命外交」等互相比附，而視前者為接引後者的傳統因素。這完全是一種外在的、形式的觀察。他竟對傳統王朝和中共政權之間的一個最實質的區別視若無睹。傳統王朝得天下後不但不觸動各階層人民的原有生活方式，而且刻意讓他們有一段「休生養息」的時期。中共政權則在「革命」兩字的掩飾之下全面摧毀了中國幾千年逐漸演進而成的民間社會；中國人的日常生活傳統確確實實是在中共的手上切斷了。費正清在中共的統治運作中所看到的「傳統」其實祇是一些難除的心理積習，決不是傳統的本身。

但是以毛澤東為領導主體的中共確也繼承了一種中國傳統，即社會邊緣人的造反傳統，這正是中共所一再認同的所謂「農民革命」。但以領導主體而言，中國史上的造反集團從來不是務正業的農民，而是各式各樣的邊緣人。如黃巢是鹽梟、李自成是作過驛卒的鄉村「無賴」，洪秀全是客家籍的不第秀才（這是雙重邊緣人）。邊緣人在治世難有展布，但一到亂世便有機會大顯身手了。最近一百年來中國的動亂，規模之大、影響之深，都是空前的，所以二十世紀成為中國邊緣人的最活躍的時代；而「革命」也為他們提供了一個最理想的活動場所。二十世紀的邊緣人，無論就思想或社會背景言，當然都比傳統的邊緣人複雜得多，但他們同來自各社會階層的邊緣，中國共產黨正是一個最典型的邊緣人集團。（關於這一問題可參看我的〈中國知識分子的邊緣化〉，刊於《二十一世紀》，香港中文大學，第六期，一九九一年八月。）

費正清所瞭解的帝制時代的中國社會史，祇有士、農、工、商，而不包括邊緣人這一範疇——呂留良所謂「光棍」或「世路上英雄」。他認定毛澤東是農民出身，更認定中共所領導的基本上是一個「農民革命」，這一「革命」既得到許多知識分子的同情，又和民族主義的力量匯了流，所以費正清自一九四三年以後便深信中共體現了多數中國人的集體意志，也繼承了中國的主要傳統。後來局勢的演變更增強了他的自信。他始終不瞭解邊緣人集團的最大特色之一便是鄙棄社會上共同遵守的一切軌範和價值，因而行事可以肆無忌憚。（馬克思主義的否定思想對於中共這一邊緣人集團更起了如虎添翼的作用。）這個集團在造反的時期是不惜運用任何手段奪權，在奪權以後則千方百計地保權。事實證明，它根本不代表任何階層人民的利益。相反地，由於它摧毀了整個民間社會，並且獨佔了全部生活資源，它已轉化成一個擁有絕對權力的統治階級。

費正清見不及此，所以他自始至終都把中共和「革命」、「現代化」、「人民支持」等觀念緊緊地連繫在一起；在運用傳統的歷史以說明中國的現代變遷時，他則把中共看作是「天與人歸」的新興王朝。一句話，他認定中共的領導是「中國的唯一出路」。作為一個史學家，費正清當然也看到了中共自一九四九年以來曾犯過一連串的重大錯誤，但是對於這些錯誤對中國人所造成的深刻傷害他似乎絲毫無動於衷，而且還在有意無意之間加以淡化，像「大躍進」帶來的三年災害（一九五九——一九六一），依中共官方的估計也餓死了三千萬人以上。但費正清卻祇輕描淡寫地說：「營養不足廣泛流行，也有些餓死的人」(Malnutrition was widespread and some starvation occurred.，見《美國與中國》第四版，頁四一四)，這和他批評國民黨任何一點毛病時所表現的義正辭嚴，簡直判若兩人。他為什麼會有這樣明顯的雙重標準呢？我想原因之一便是他始終深信中共是一個為中國求現代出路的「革命」集團，而中共的「領導人」也大多是「革命志士」，為「革命」而犯的過失畢竟是可以並且應該曲予諒解的。記得在一九七九年初，我在耶魯大學的辦公室中忽然接到費正清的電話，他很迫切地要我告訴他，「先天下之憂而憂，後天下之樂而樂」的原文是什麼(他引的是英文翻譯)。原來他將赴白宮接待鄧小平的國宴，想引用這句話來應景。可見在他的心目中，周恩來、鄧小平之流都是范仲淹式的人物。他不可能理解，這些人其實都是「逢君之惡」、「助紂為虐」的邊緣人或邊緣人化的知識分子。

但是如果我們真的以為費正清對中共一往情深，那又錯得不能再遠了。在美國對華政策的問題上，他徹頭徹尾祇有一個立場，即美國的利益。他從來不把國民黨放在眼裏，這是因為他深知國民黨必須依賴美國的支持。四十年代以後國民黨失去人心，不能維持中國內部的秩序，這是有損於美國利益的。因此他主張拋棄國民黨，另找一個可以在中國當家作主的替身。這樣他便看中了中共，照理說，他在中國的真正朋友應該是中國的自由主義者。在個人交往的層次上，他也確對戰時中國的高級知識分子，特別是留美的教授們的困苦生活，寄予很大的同情。他曾通過各種方式給他們以物質上的支援。但在政治上，他卻絲毫不重視他們。無論三十年代的老輩自由主義者或年輕一代的左傾自由主義者，在他看來都是在權力的邊緣做一些幫忙或幫閒的工作，不可能發生轉移時局的作用。(見自傳，頁二八〇)所以抗戰末期中國知識分子所發起的一場轟轟烈烈的所謂「民主運動」(包括民主同盟的種種活動)竟在他的著作中——如自傳和《美國與中國》——找不到痕跡。徹底的現實主義是他討論美國對華政策的最高指導原則。一九四九年以後，他和旅美的中國自由主義領袖如胡適、蔣廷黻等也交往甚疏。他一心一意推動美國承認中共，希望把中共從蘇聯那邊爭取過來。

那麼費正清是不是放棄了他的自由主義呢？完全沒有。他自己曾坦率地承認：他在美國國內的立場是堅決反共，但他卻必須對美國人宣揚中共的好處。祇有如此，美國人才會接受中共。他有一句名言：共產主義不適於美國，但卻適於中國。為什麼呢？因為美國和中國的「文化」不同、「社會秩序」不同。（均見自傳，頁三一七）許多人使用雙重標準都出之以隱蔽的方式，唯有費正清公開地主張雙重標準，這是極少見的。他的根據則是一種文化相對主義：民主、個人、自由、人權、法治都是美國（和西方）文化的獨特產品，並不能移植到以農民為主體而又具有長期專制傳統的中國。由此可知，中國的民主化不可能成為費正清心中第一優先的關懷。他用自由主義的標準來譴責國民黨，其實祇是一種門面話。這是由於國民黨過去一方面不能不選擇以美國為首的「民主陣營」，而另一面卻念念不忘於維持它根本辦不到的「一黨專政」。這一自相矛盾，恰好為費正清所乘。但在他的內心深處，國民黨的真正罪狀恐怕不是「不民主」，而是「不能在中國維持有效的統治」。他認定中共通過「黨組織」已徹底改變了中國以往一盤散沙的局面，從此可以在中國完全當家作主。所以他力主美國拉攏中共。儘管中共的「一黨專政」遠非國民黨所能望其項背，他卻從無一語指責它剝奪自由、蹂躪人權。面對中共，他不但完全放棄了自由主義的標準，而且還用文化相對主義來為它開脫。但是如果他真正相信文化相對主義，他又有什麼理由來斥責國民黨呢？天安門屠殺之後，他才開始用自由主義的語言對付中共（見他為英文本《龍的傳人》所寫的短序），這大概是因為他對中共在中國繼續維持有效的統治也失去信心了。

在尼克森訪問中國的期間，費正清在電視上特別要美國人重視臺灣的存在。他顯然不希望臺灣落入中共的手中。然而這絕不表示他對國民黨忽然變得友好起來了。事實上他對臺灣的看法先後改變了好幾次。在中共席捲大陸的時刻，他希望美國袖手不管，讓中共去奪取臺灣。韓戰爆發以後，他仍然堅持美國承認中共和中共進入聯合國，但同時也維持中華民國的獨立存在。這是所謂「兩個中國」的政策。稍後在五十年代末期，他又從「兩個中國」改為「一中一臺」，主張臺灣通過全民投票而宣布獨立。但是這個「一中一臺」的構想並不是為臺灣而設計的。他認為中華民國的存在是美國承認中共的唯一障礙，如果臺灣自動放棄「中華民國」的稱號，美國便不能不和剩下來的唯一「中國」謀取建交了。一九七二年以後，由於「上海公報」發表了，他又自動取消了「一中一臺」的主張，而提出臺灣成為中國的一個特別的「自治區」。美國和大陸建交以來，費正清確曾一再強調臺灣必須獨立於大陸之外，他甚至認為如果大陸對臺灣用武，美國應該支援臺灣。

從他所發表的有關中美關係的各種言論看，我們第一個印象必然是覺得他先後矛盾，忽左忽右，完全不能自圓其說，但是這個表面的印象是完全錯誤的。在種種表面的矛盾之下，其實隱藏着兩個絕對不變的一貫原則：第一是美國的利益，第二是現實主義。他在不同的歷史階段所提出的政策建議都是緊緊地結合着這兩大基本原則的。他看出中國這個大國在世界事務上的無比重要性，是美國必須爭取的一個對象。但是他也希望中國能夠走上現代化和安定，因為一個混亂和落後的中國是會把美國捲入國際衝突之中的，五十年前太平洋戰爭便是一個眼前的例子。基於這種考慮，他在對國民黨絕望之後便把注意力轉移到中共的身上。依他的判斷，美國衹有立即停止支持國民黨，才能取得中共的信任。他又深信中共的「新秩序」代表了中國人的集體意志和歷史傳統。因此，如果中共傾向美國或至少不敵視美國，則美國在東亞便解除了後顧之憂。他數十年如一日在美國宣揚中共的「成績」（雖然他也不能不提到它的過失），其目的便是要美國人在心理上能够接受一個「選擇了共產主義」的中國。所以他在分析中共政權時永遠把「中國傳統」當作它的第一屬性，而置「共產主義」於次要甚至無足輕重的地位。但是一究其實，他並不是為中共說話，而是徹頭徹尾地為美國的利益說話。同樣的，他晚年為臺灣的生存而發言也是純粹從美國的利益出發。四十年來臺灣的社會安定和經濟發展顯然是出乎他的意料之外的，但他的現實主義使他毫不猶豫地承認這一事實。這是美國已到手的現實利益，他當然不肯輕易放棄。

總之，費正清關於美國對華政策的考慮，其中祇有從冷峻理性發出的利害計算，既不涉及任何高遠的理想或意識型態，也不夾雜一絲一毫的情感。從一種通俗的意義說，他在這一方面徹底體現了美國實用主義的精神。正因如此，他的觀點和立場才特別值得重視，因為它具有普遍的、典型的意義。這一實用主義的精神事實上今天仍支配着美國的外交政策，包括對華政策在內。費正清過去和美國對華政策的分歧並不在基本精神，而是在對中共的認識上面。美國政府以中共為世界共產主義運動的一個組成部分，所以才有最初三十年的不承認政策；費正清深信中國的民族傳統可以修改共產主義，所以自始便主張承認中共。對於這種嚴格地根據美國利益而制訂的政策，中國人所常有的兩類反應——道德的褒貶和情緒的好惡——都完全用不上。如果我們要批評費正清的觀點，則歷史知識是唯一的着手處。費正清強調：瞭解中共必須通過中國的傳統，這個想法的本身是無可非議的。但是中國的傳統千頭萬緒，中共究竟出自那一條線索呢？限於早期西方研究中國史的水平，他在這個最關鍵性的地方竟「失之毫釐，差以千里」。此處一錯，他便失去了判斷中共的行為的主要根據。他曾有過一個意見，認為美國如早點和中共妥協，也許韓戰和越戰的悲劇都可以避免。（見《美國與中國》，第四版，頁四五二－四五七）。這個見解不但過高估計了美國當時的影響力，而且完全不瞭解毛澤東這種邊緣人的複雜心理。美國在一九四九年早已試探過和中共妥協了，所以使領館都遲遲不肯撤退。北平的美國總領事館是在一九五〇年一月六日被中共沒收的；一月十四日美國政府才不得不宣告撤退一切官員及其眷屬。像毛澤東這樣的「光棍」，正是要對美國痛加羞辱以顯他自己在國內和國際上的威風，他豈肯在最躊躇滿志的關頭受美國的「招安」？（他早在抗戰末期便已對左舜生說過：「我這幾條爛槍，既可同日本人打，也就可以同美國人打。」他早有和美國拼鬥的決心了。中共參加韓戰的根源已伏於此。見左舜生《近三十年見聞雜記》，香港，自由出版社，一九五二年，頁九〇）。費正清以常態的國際行為準則去推測中共，以為祇要美國肯承認，中共便會欣然接受，這未免離題太遠了。由於認不清中共所繼承的傳統，三、四十年來他和許多「中國通」對中共發展的估計幾乎沒有一次不錯。一九八九年天安門屠殺以後，一位曾在卡特時代任職白宮的「中國通」大叫道：「這次我們又錯啦！」這句話實在說得很可憐。對於中國的歷史和文化缺乏深厚的知識才是費正清的觀點的致命弱點。

無論是美國的對華政策還是中共政權的性質都是不容易真正瞭解的。古語說：「利令智昏」，我們對於客觀事實看不清往往是因為我們的利害打算模糊了我們的視線。費正清在中國近代國際關係史的研究方面是有重要貢獻的人，但他為美國的利益打算得太精，有時也不免一廂情願。這種一廂情願便足以阻止他去更深地挖掘中共的傳統根源。他的「智者一失」並不影響他的整體成就，然而畢竟是令人惋惜的。美國政策和中共政權對今天的臺灣都有無比的重要性。這裏當然也逃不開客觀認知的嚴肅課題。費正清的成功和失敗在這兩個連繫着臺灣命運的大問題上似乎都包含着無限的啟示和深刻的教訓。

一九九一年十二月一日於普林斯頓

補記

最近英文的《康生傳》出版，使我們知道謝偉志等人在延安受愚弄的全部過程。一九四四年美國派了一個狄西考察團 (Dixie Mission)，共十八人，其中便有謝偉志。代表團最初對延安的印象好到無以復加。但好幾年以後，才知道全團人員都被康生手下特務有效地隔離了，他們根本未見到延安的任何真相，他們所能接觸到的中國人都是事先佈置的。不用說，這些中國人全是「政治上可靠的」。這便是上引謝偉志的備忘錄的材料來源。見 John Byron & Robert Pack, *The Claws of the Dragon, Kang Sheng—the Evil Genius Behind Mao—and His Legacy of Terror in people's China*, Simon & Schuster, 1992, pp. 184–6.

在最後校稿期間，我又讀了費正清先生的遺著 *China: A New History*, Harvard University Press, 1992。這是一部新的中國通史，從舊石器時代一直寫到一九八九年六月四日的天安門屠殺。在這本最後的著作中，他表現了一位西方學人尊重客觀事實的求真精神。他不但在儒學傳統的認識方面有了相當重大的改變（因為他吸收了近二三十年來美國對宋明理學的研究成果），而且對中共的幻想也終於破滅了。本文所指出的他的一些偏見在這本書中大致都改正了過來。例如關於一九五八——一九六〇的「大躍進」所帶來的災難，他也承認餓死的人在兩千萬到三千萬之間。（頁三六八）據出版說明，費正清在一九九一年九月十二日上午親自將此書定稿送到哈佛大學出版社，但當天下午他心臟病復發，兩天後便去世了。這使我聯想到孔子的話：「朝聞道，夕死可矣！」

中國近代個人觀的改變

㈠前　言

最初我想提出的問題，主要是關於自我(self)的問題，也就是在中國近代思想的變化中，中國人對自我的態度、看法是否有所改變的問題。現在正式寫出來的題目是「個人觀」，所以我在下面也將略作調整，以免文不對題。好在「自我」與「個人」關係很密切，內容調整並不太困難。現代中國人主要的觀念認為傳統是壓迫我們的、拘束我們的，這也就是魯迅所謂「禮教吃人」的說法，許多三綱五常壓迫我們，現代中國人首先便想要突破這一層禮教的束縛。

突破禮教束縛的這個問題，並不是從魯迅才開始的，這種說法，至少可追溯至譚嗣同在《仁學》裏所說的「衝決網羅」，可以說他是最早提出主張個人應突破傳統文化對個人的拘束，使人解放並希望全面改變傳統的文化。譚嗣同雖然沒有用「解放」這個名詞，不過他說的「衝決」那種突破性是很高的，在這一點上，「五四」時代的思想家也並沒有超過他的思想境界。譚嗣同碰到的不全是政治或社會制度的問題，而是傳統中個人如何變得更自由、更解放的問題。

譚嗣同的《仁學》與康有為的《大同書》，可以說是互為表裏的。這兩本書的主要目的是要建立一個全新的社會。那個社會基本上是以西方為模式，那是一個烏托邦，也是一個接近空想的共產主義（或社會主義）的社會。而《仁學》則以仁為中心觀念，並賦予它以現代的解釋和意義，譚嗣同用當時物理學中的乙太來解釋「仁」，認為「仁」表現中國人的主要精神。當時，中國的思想變化是非常快的，《仁學》寫於戊戌政變以前，到「五四」不過二十年，只有四分之一世紀的時間，但「五四」時期已沒有人講「仁」了。

到了「五四」，真正的個人問題才出現。胡適所主張的個人主義其實是自易卜生的

egoism。他講個人在沉船危難時應先救自己，為的是日後可以成為有用的人，貢獻社會，而不祇是為了自己而救自己。這個個人主義並不全是西方式的、孤零零的個人，也不是面對上帝時的個人，仍是在中國思想傳統中講個人，「小我」的存在仍以「大我」為依歸。

胡適在講個人主義的同時，他本身的中國文化背景還是十分清楚。例如他提倡三不朽：立德、立功、立言，並重視死而不朽的問題。他認為小我會死，大我（社會）不死，此即胡適的「社會不朽論」。

胡適雖然是近代中國知識分子當中最重自由、最強調個人主義的思想家，但仍然強調大我，此乃中國的傳統觀念：小我必須在有大我的前提下，才有意義。胡適並以現代觀念與西方說法融化到中國傳統中來解釋三不朽：立德(What we are)、立功(What we do)、立言(What we say)，這雖是現代中國人的個人觀，卻仍是在中國傳統的脈絡中。

胡適在與馬克思主義者的辯論中，論及國家與個人、集體與個人時，則顯然偏向西方古典的個人主義。一九三〇年代初期，他在〈介紹我自己的思想〉寫道：「個人若沒自由，國家也不會有自由；一個強大的國家不是由一羣奴隸所能造成的」。他以西方自由主義中的契約觀念（人與國家的關係）強調個人的自由為第一位，人若沒有自由，那麼人與國家之間的契約便失去了意義，他即是以這樣的觀念來對抗當時馬克思以及國民黨的集體主義的思潮。

以上所談是為了說明：中國近代思想家或學者對於個人問題並沒有很深入的探討，尤其沒有談到「個人」或「自我」在中西文化傳統中的異同問題。其實在中國傳統的文化裏，「個人」或「自我」的觀念是很重要的，不論是儒家或道家，特別是道家如莊子，或是佛家的禪宗，都重視個人的精神自由。儒家所謂的「內聖外王」，是指個人先做好本身的修養，才有能力處理外在事務。即使儒家的「修齊治平」也是從個人開始的。

以莊子而言，他的主張代表了中國最高的個人自由。蕭公權的《中國政治思想史》上提及莊子主張的個人自由，蕭先生認為甚至是超過西方個人主義的。這不祇是蕭先生個人的看法。當初嚴復翻譯約翰．穆勒的《自由論》時，因為找不到相應的中國觀念和名詞來翻譯 “Liberty”，最後用《羣己權界論》來翻譯 *On Liberty* 這本書。這是在個人和羣體的關係中劃定自由的位置。但嚴復在導言中討論《羣己權界論》時，則常引用莊子的個人主義思想，說莊子講的自由，有一部分很像古典自由主義者講的自由。從這裏可以看出中國的個人主義與西方個人主義的異同點是：相同的是都肯定個人自由和解放的價值；不同點是：西方以個人為本位，中國卻在羣體與個體的界線上考慮自由的問題，這比較接近今天西方思想界所說的 communitarian 立場。

中國傳統社會或文化中並不是沒有個人自由，但並不是個人主義社會，也不是絕對的集體主義社會，而是介乎個人主義與集體主義二者之間。以儒家為例，儒家並未忽略個人，例如：孟子講「人心不同各如其面」，也是注重個性的問題，祇是中國人並不以個人為主導。莊子的思想首開個人主義風氣，至魏晉時代則是個人主義的高峯期，那時的激烈思想家甚至不要政治秩序。這是相對於秦漢大一統時過分強調羣體秩序的一種反動。章炳麟、劉師培等人在日本提倡「無政府主義」，其實便是受魏晉時代「無君論」思想的影響。

從「五四」到二十年代之初，個性解放、個人自主是思想界、文學界的共同關懷。但整體地看，當時感性的吶喊遠過於理性的沉思。此下一直到對日抗戰，這期間中國人紛擾不安，大家關心的主要是救亡圖存的問題，祇考慮大我，無法顧及小我的問題，更談不到討論小我精神境界的問題了。這是國家的處境所加於思想的限制。傳統有關「個人」或「自我」的觀念因此沒有機會得到深刻的重視和認識。

十九世紀中期，中國和西方接觸是被迫的，因為戰敗了。中國本無任何向西方文化觀摩的意思，現在打了敗仗，知道西方船堅炮利的厲害，才不得不急起直追，想學到西方的科技。這就決定了中國學習西方純出於功利觀點。這個觀點基本上支配了思想界、知識界。其中當然有少數例外，如同治時代的馮桂芬已承認有「西學」。後來張之洞的「中學為體，西學為用」之說已最先由馮桂芬開了頭。馮桂芬甚至已經注意到西方的科技是以「算學」為基礎，可惜這個思潮並未發展。

一直到李鴻章「洋務時代」，主要工作仍然是如何趕上西方的科技，所以興建了許多造船廠、翻譯西方書籍。當時所譯之書主要為科技及法律（國際法），並沒有接觸到西方文化本身的特質，特別是沒有接觸到西方的宗教。因為那時傳教士到中國來傳教，引起很大的反感，尤其是知識界非常反基督教，認為中國教徒是「吃教飯」，而士大夫則只想學西方的船堅砲利。由於中國人自始即不注意宗教在西方文化中的地位，因此對西方人的「自我」

或「個人」的意識便無從瞭解。影響所及，中國人也沒有機會檢討自己傳統中的相關部分。

近代西方個人主義起源於十四、五世紀義大利的文藝復興及人文主義，這是上承古典的傳統；在宗教方面，馬丁路德主張個人與上帝直接溝通；到了卡爾文教派，即所謂的「清教徒」，把個人地位提得更高。美國是清教徒社會，以十八、九世紀的康涅狄克州(Connecticut)為例，小孩很早便離家外出闖天下，成人後才回家與父母重新建立關係，以此來證明自己是上帝的選民。這在中國人來說，是很難理解的。而西方人認為人是上帝創造的，人對上帝須絕對的服從。

(二)中國傳統中的「個人」和「自我」

我們必須先從古代中國人對生命來源的看法談起。荀子說：「天地者，生之本也；先祖者，類之本也。」又說：「無天地，惡生？無先祖，惡出？」這是說生命是天地給予的。「類」是指人類。《易經》說：「天地之大德曰生」，與荀子相同，但這是指一切萬物之有生命者而言。但祇有人類才能意識到先祖（包括父母）是自己生命的直接來源。禽獸不記得父母祖先，這是人之所以異於禽獸之所在。這個看法在古代很普遍，漢代的人大致都抱着這個信仰，因此漢代起，中國人特別重視「孝」。因為生命雖推源至天地（如西方的「上帝」），但每個人的生命又直接出自父母和先祖。這樣一來，中國人便不把每個個人直接繫之於天地，而個人都是某家的子孫。西方那種個人主義便出現不了。所以古人寫自傳如司馬遷的〈太史公自序〉、班固《漢書．敘傳》、王充《論衡．自紀》等都敘述自己的家世。這些自傳中並不是沒有他們的「個人」或「自我」，但他們要把「自我」放在家世背景之中。這正是說，他們不是孤零零的個人；他們之所以成為史學家、思想家是和「先祖之所出」分不開的。這和聖奧古斯汀的《懺悔錄》式的自傳完全不同，更和近代西方自盧梭以來的自傳不同。但漢代是一個統一大帝國，帝國要長治久安，便不能不把家族吸收進帝國系統，因此也把個人吸收在此大羣體之中。這是漢朝用「孝」為取士標準的一大要因（「孝廉」）。從前「孝」是私德，是個人的德行，現在卻變成公德，與帝國秩序有關了。「孝」既已制度化，成為博取名譽地位的手段，於是久之便流為虛偽。所以漢代實行「三年之喪」，有些漢末的人甚至守喪二、三十年。這種虛偽把個人的真性情汨沒了，這才引起反抗，而有魏晉以下個人主義的興起。

魏晉時代是中國史上第一次有個人的覺醒；這在思想上和文學上都有清楚的表現。思想是所謂老、莊的玄學。如嵇康便公開說他不喜歡周、孔的名教，因為它壓抑了人性。相反的，他認同於老、莊的自然。另一位竹林七賢中的阮籍更是直接向禮法挑戰，故聽說母親死了，仍繼續下圍棋，局後吐血數升；他又衝破了當時叔嫂不通問的禮數，曾親向其嫂話別。當時的人最嚮往的人生便是適性逍遙，郭象注《莊子》把這個觀念講得最清楚。個人的精神自由在魏晉時代成為一個最重要的價值。在文學方面，建安作家包括曹丕、曹植兄弟在內，往往寫信給至交好友，訴說自己的心事、個人感受等。這是中國書信史上的新發展。以前漢代的書信保存下來的都是討論事情的（如司馬遷〈報任安書〉），不像建安書信這樣幾乎完全是談心式的。這是個人覺醒的一種象徵。以詩而言，更可見自我的發見，如嵇康的〈幽憤〉、阮籍的〈述懷〉。這些細訴一己情懷的信和詩在魏晉大量流行，決不是偶然的。所以在這個時代，個人的自我關懷遠遠超過了大羣體的意識。漢代文學正宗是賦體，那是些政治性的、為帝國的偉大作渲染的東西。

在宗教方面，佛教在此時開始為中國人接受；這對於中國人的自我意識也有加強的功用。從前中國人不太講個人靈魂的不滅。照儒家理論，魂魄在人死後遲早都是要消滅的。莊子以氣的聚散說生死，則人死後「氣」又散在太虛之中。佛教的最高教義固然不承認靈魂，但中國人所接受的通俗觀念則是靈魂輪迴。如果有輪迴，那麼個別的人的覺識永不消失，而無休止的在宇宙間流轉。一般平民拜佛都是為了求福田，可見佛教確加深了個人的意識。誠如陳寅恪所說，從中國人的觀點看，佛教是「無父無君」之教。既然「無父」，則家庭或家族便無意義；既是「無君」，則國家也失去存在的理由。那麼剩下來的便祇有一個個的個人了。所以佛教影響所及，打破了中國的各層的羣體觀念，而突出了個體。

隋、唐時代，中國再度建立了統一的帝國，但這時的社會已遠比漢代複雜，即論國際性、開放性，也超過漢帝國很多。經過新道家、佛教洗禮以後的中國思想界，也不大可能再回到漢代經學籠罩下那樣較為單純的狀態了。不過我們若要瞭解唐代中國人對於「個人」和「自我」的看法，我們不能僅求之於儒家經典的注疏，而更當在詩人作品中去發掘。這是因為唐代文化的創造活力主要表現在詩歌中。唐詩的思想內容是極其豐富繁多的，未可一言以蔽之。例如杜甫較為關懷大羣體，李白則表現個人或自我者為多。但杜甫詩中也未嘗不寫個人生活的情趣，李白也慨嘆「大雅久不作」。在杜、李之前有一位陳子昂，他有一首詩寫道：「前不見古人，後不見來者，念天地之悠悠，獨愴然而涕下。」這首詩表達了詩人自己一種極深沉的蒼涼寂寞之感，這是前人所未到的境界。

中國傳統的個人觀到了宋代以後，因理學的興起又發生了新的變化。理學當然是儒學的新發展，但也吸收了佛道的成分。從宋代以後的觀點看，儒家的基本經典是《四書》、《五經》，都是官書。如朱子的《四書》，因成為考試課本，也可算是官書的一種；就連《詩經》亦非全是民間詩歌，大體上是經過採詩官雅化的過程。有人甚至認為《五經》在漢代相當於今日的憲法，這句話的意義是指它的內容是皇帝都必須尊重的。所以漢代大臣向皇帝諫言，往往引《詩經》為根據。由於儒家不是獨立的、有組織的「教會」，經典的傳播要靠政府的力量，這就造成了一種特殊的困難，使它在現代世界找不到立足點。「五四」以後中國知識分子很少能平心靜氣在儒家傳統中覓取有關「個人」或「自我」的本土資源，正是因為他們把儒家經典完全看成了代表政府的政治意識型態。

在儒家思想史上，《四書》代《五經》而起是一件大事，這是宋代的新發展。宋以後，中國政治社會發生極大的變化，已無世襲封建、亦無大世家門第的觀念，社會已走向平等，只有一些地方性的世家。因此，儒家學者必須靠科舉考試才能參政，例如：范仲淹、歐陽修、王安石等。天下祇有皇帝一家是世襲，宗室已無重要性，宋代宗室中人且多落魄，有的還需經考試才能做官，因此產生了士大夫階級。這個階級以負起對天下的責任自許。嚴格地說，宋代的士大夫普遍發展出以天下為己任的使命感。范仲淹主張「士大夫」要以天下為己任，「治人」必須先「修己」，此中也有佛家的影響。這是《四書》興起的歷史背景。

《四書》之所以能適應新時代的需要，主要是因為《四書》是教人如何去做一個人，然後治國平天下。《大學》、《中庸》在漢代並不受重視，並沒有人專門講《大學》、《中庸》的，專門講《中庸》的，要到佛法傳來後，佛經中講喜怒哀樂、心性修養、講人的精神境界，《中庸》才因此引人注意。六朝梁武帝著《中庸注疏》，即是受到佛教的影響。我們可以說，儒家的個人觀因《四書》的出現而深化。

佛教講心與性，儒家亦然，祇是儒家這方面的思想被冷藏於典籍中未被發現而已。宋以後，三教彼此影響，一方面走上俗世化，一方面是重視個人或自我。儒家講修齊治平，不能脫離世界；莊子則是世界的旁觀者，不實際參與，認為社會是妨害個人自由的，要做逍遙遊；禪宗教人回到世界去，教人砍柴擔米就是「道」，平常心就是「道」，不必到寺廟，在家亦可修行，後來就有了「居士」的產生。此類似馬丁路德的作法；主張不必看經典，也不必相信神話。禪宗極端反對偶像，禪宗和尚說「如果看到什麼佛陀金身，一棒打死給狗吃」，中國文化中反對偶像最激烈的，莫過於禪宗和尚。禪宗講求「自得」，和孟子、莊子完全一致。所以中國人並非自古即崇尚權威人格，壓抑個性。例如韓愈在〈師說〉中就說「弟子不必不如師，師不必賢於弟子」，這是禪宗所謂「智過其師，方堪傳授」的翻版。非常諷刺地，服從權威性格反而在「五四」之後得到了進一步的發展；先是奉西方大師為無上權威，後來則尊政治領袖為最高權威。

從《五經》至《四書》這段發展，可以使我們瞭解到中國人對自我、對人性瞭解的諸多變化。那麼為何以《大學》為第一篇，是因為個人最後必須與社會國家產生聯繫；如果沒有《大學》，只有《中庸》，則會流於祇講個人、沒有大我觀念。但中國人不能完全放棄大我觀念，宋代的外患嚴重，民族危機很深，我們不能想像當時的思想家能專講「小我」，不要「大我」。

宋、明理學家的貢獻是對個人心理有更深刻的解析和瞭解，所以理學不僅是倫理學，也是心理學。他們不再是性善、性惡的二分法，而是同時承認人性有善及惡的兩面。心性是義理之性，是有超越性，即異於禽獸之性。氣質之性則是人與萬物同有的性。他們當然強調超越的人性，但也深知氣質之性不易改變。他們的分析非常複雜，這裏不能涉及，總之，理學使我們對個人的內心認識得更深了。許多西方心理學家因受實際的限制而以動物來作實驗，但人與動物之間是否可以劃上等號？心理分析則偏重在人的非理性的一面，主要是人欲問題。以儒家對人性的觀點來看，人與禽獸終是不同，在道德、行為、思考等方面人和禽獸是不能相提並論的。從這裏就發展出儒家所主張的訓練治理國家人材的方法。以儒家而言有二方面，即為朱子講的修己治人；這是對社會精英的要求。這一羣人通過教育及道德訓練，將來是要成為社會精英、領導社會的。在南北朝時期「士」是來自名門貴族，至宋以後，人人皆可為士。范仲淹更設立了義莊、義學，鼓勵窮人子弟讀書。農工商階級之子只要熟讀經義或明以後的《四書集註》，通過考試，皆可為士。「士」必須經過這個階段，才能領導社會。和周、張、二程完全不同的王安石也倡導「為己」之學。他引《論語》：「古之學者為己，今之學者為人」一語，加以引申，故說：「為己有餘，而天下之勢可以為人矣，則不可以不為人。」這個以《四書》為主的訓練，就是修己以後才能治人的過程。朱子曰：「存一分天理，去一分人欲。」此語是針對士大夫而言，非對一般百姓。因為士大夫是未來的政治社會領袖，必須瞭解利、義之分。朱子的這一段話並不是要老百姓不要「利」，不要吃飯，而是針對士大夫說的。如同柏拉圖主張的「reason 高於 desire」，也是對哲學家、思想家而說的。所以他說「哲學家」最宜於作「王」。理學的功夫重點主要在「修己」方面，這是一種內轉，也是對個人提出了更高的要求。所以我們可以說，儒家的個人觀，宋明以後顯然更為成熟。六朝隋唐的「禮」學還是外在的社會規範。

不幸元、明以下，以《四書》為考試的官方教材，「治人」遠重於「修己」，儒家走上了官學之路。一般為考試而作官的人並不認真「修己」，因此各代理學家都嘆息「科舉害道」。但一旦廢除科舉制度，《四書》便無人去鑽研，儒家的傳統更少人去理會了。

總結地說，我覺得宋明理學所討論的是人怎樣生活的問題。從這一點出發，理學家在心理學和倫理學的層面上更深入地發掘了人性的問題。《大學》講修、齊、治、平雖是一以貫之，但祇存在於理論之中。談到實踐方面，我們祇看到修身和齊家這兩個層次上的成就，再擴大一點也不過止於一族、一鄉和儒生社羣之內（如書院）。治國、平天下則往往是落了空的。換句話說，「修己」比「治人」更為重要。「修己」不能狹隘地解釋為道德修養或「如何成聖人」，而是指「修己」有所得的人在精神上有更豐富的資源，可以從事各種創造性的工作，也可以應付人生旅途上種種內在和外在的危機。在這一方面，明以下理學家的自述文字給我們留下了豐富的材料。現在已有英文專書討論。如果我們再從理學擴大到道家和佛教，這一點便更為清楚，宋、明以下中國在文學、藝術各方面的新成就都離不開儒、釋、道的精神背景。讀書人在人生途程中遭遇到的種種坎坷，也都要靠這些精神資源的支持才能化解而不致精神崩潰，宋代蘇東坡便是一個最好的例子，明代王陽明也是一個典型。在自傳文學，甚至帶有自傳性質的小說中，我們也不難得到實證，如汪輝祖的《病榻夢痕錄》、沈三白的《浮生六記》，以及曹雪芹的《紅樓夢》等。理學最初雖然是以士大夫的「修己治人」為重心，但越到後來便越和日常人生打成一片，而且也跳出了「士」的階級，王陽明所謂「不離日用常行外」，戴震所謂「人倫日用」都是指此而言。明、清時代對理學有興趣的人也包括了商人、樵夫、陶匠等等，泰州學派便是明證。這些精神資源照理說應該在「五四」以後成為中國人建立現代個人觀的一大根據。可是「五四」激烈的反傳統使中國知識分子對這些都不屑一顧，甚至是「打倒」的對象。中國現代個人觀的枯窘、自我意識的萎縮，可以在這裏找到一個重要的解釋。另一相關之點則是「五四」以後中國知識分子所理解的西方文化也是片面的，甚至是相當膚淺的，這就使我們不能深入西方關於「個人」和「自我」的研究和討論。

㈢「五四」以來所接觸的西方文化

「五四」以來我們所接觸的西方文化，是什麼樣的西方文化？我們想用什麼樣的西方文化，來改變中國？這是一個大問題，我不可能在這裏全面加以討論。我想還是從個人、自我的角度，來切入這個問題。

儒、道、佛家對個人問題的討論，到了近代以後，幾乎被忽略了，但也不是沒有人在繼承傳統，例如：熊十力、梁漱溟先生……等等，也都還在做努力，祇是不成為主流。以「五四」為中心在知識界所掀起的大波浪，把上述的問題都擺到一邊去了，不認為那是重要的問題。現代的教育也使得年輕人無從接觸到中國的傳統文化，從小學到大學，把所有青少年的精力都消耗在預備考試上面，他們根本沒有時間去思考要做什麼樣的人？這個問題好像越來越不重要了。

「五四」接觸到的是西方的啟蒙運動思想，即是以科學為本位的思想，也可以說是科學主義或實證主義。「五四」所提倡的科學，不光是自然科學如何在中國發展的問題，而是對一切事物都採取科學的態度和方法，也就是牛頓、哥白尼以來對自然的態度，因而使得科學在中國取得最神聖的地位。

這個主張並沒有錯，但是科學本身有無範圍界限？最具體的問題體現在民國十二年前後的科玄論戰上。其中以丁文江、胡適為代表的一派，認為應該用科學態度來統一人生觀；另一派包括張君勱等則主張人生問題不是科學能够完全處理解決的。論戰的結果，表面上是科學人生觀勝利。當時一般皆贊同：科學方法可以解決一切人生問題，歷史的發展也可以科學地歸納出一些法則。由此可看出，「五四」以後，思想界之所以容易傾向馬克思主義，原因之一即是因為馬克思主義者在一切問題上打着科學招牌，他們宣稱找到了歷史的規律。當時又正逢中國傳統意義世界全面崩潰，所以才使得馬克思主義得以趁虛而入。

而現在的世界又是一個解除魔咒的時代(disenchantment)，世界上再沒有什麼神奇的事，一切看來都很平常。胡適講中國哲學，也保持這個態度，所以很多人批評他淺薄，也不是沒有道理的。就是他看世界看得太平常，一切都「不過如此」，都是自自然然的，所以他提倡自然主義，所謂的自然主義就是世界上沒有什麼東西是有超越性的、神奇的，一切東西都可以化為平淡、平常。現代西方也有這一傾向，就是"God is dead"的說法，西方的宗教信仰也淡了。但是今天看來，宗教在西方的力量仍不可小覷，仍是他們人生的意義的源頭。「五四」時代中國人由於在十八世紀啟發思想和十九世紀實證主義的籠罩之下，對宗教是敵視的，甚至以宗教即是迷信。這樣一來，他們便接觸不到西方文化的深處，看不見個人和自我的超越泉源。

「五四」當然也有其正面的意義：提倡民主、對科學有信心、對人類前途有無限的樂觀。胡適是以科學、理性做為他的信仰基礎，並對未來有樂觀的預言。一九四七年他在北平當北大校長時，曾發表關於〈眼前世界文化的趨向〉的一篇廣播：「……民主自由在西方是發展了三、四百年的傳統，到今天，仍是西方文化的主流；而反民主、反自由的極權主義卻祇是一小小的、短暫的逆流，在蘇聯也祇不過幾十年，不管它現在是多麼的不可抵抗，都將過去……」。以那個時候來講，世界上沒有任何證據可以支持他的論點，相反的證據倒是不少。不過，以今日蘇聯、中國大陸、東歐的局勢來看，胡適可稱得上是先知了。

「五四」雖然提供中國人一個接觸西方文化的機會，可是當時人祇熱心提倡科學主義、實證主義，認為科學和理性、知識可以解決人生的一切問題，這個態度不能算錯，可是如果祇有這一面，那問題就來了，不但人性裏面超越性的一面、人和禽獸的分別不能講，而且人性中非理性的黑暗面也無法交待。在當時的中國，一切有關超越性的觀念都受到嗤之以鼻的待遇，人人只講科學和民主。換句話說，自清朝以來，整個儒家意義世界已瓦解，思想上一片空白，「五四」時大量翻譯外國書欲填補這個思想的大空白，但是否有人消化這些知識，卻是個問題。況且整體的文化大空白也不是短期內可以用西方材料填得起來的，人人都專心於全面改造中國，完全忽略了深一層的或超越於民主與科學以外的問題。好像民主和科學在西方文化中是無根的。

「五四」以前傾向無政府主義的吳稚暉，已主張「把線裝書丟到茅廁坑」，又強調用機關鎗和帝國主義對打。這些話是很痛快，但也可見他對中西文化的理解多麼偏激。當時無人理睬中國傳統文化，人人覺得越「急進」越好，人人排斥「保守」。

近代中國的改革家和革命家有一個共識：認為只要推翻舊有的制度，一切問題都可以迎刃而解。今天表現在臺灣的「國會改選」的現象亦是如此。中國現代最重大的問題就是：祇有政治沒有人生，這是很可悲的。例如：共產黨人讚美列寧二十四小時都在革命，我認為列寧是最無趣的人，你想想，如果一個人二十四小時都在搞政治，那不是很可悲嗎？我想這裏有一個「大我」淹沒了「小我」的問題。

中國革命的政治家大多是業餘的，沒有責任感，不顧政治後果。韋伯（Weber）認為政治家有三大要素，即熱情、責任感和判斷。中國現代革命家只有熱情而缺乏責任感和判斷。

這是中國悲劇的一大根源。但分析到最後，恐怕還是因為現代中國知識分子對人生的意義想得太淺，他們把舊有文化完全摒棄，而新的又尚未建立，他們的思想上僅有薄弱的科學主義做為根基，以為祇要有科學精神，一切問題都可以解決；至於個人、自我的意義，沒有人去探究。中國人因此變得都是採取功利主義觀點來看人生，表現出來的就是什麼事都要「立竿見影」，一切事情都是以功利的觀點來衡量。

以西方的科學主流來講，那是為知識而知識的，不是為人生而知識，更不是採取功利的態度和觀點。像胡適所說的，在天空上發現一個恆星，和找到一個中國古字的涵義，其意義和在科學精神上的實踐是一樣的。這是西方求知識、求智的精神：為真理而真理。不管真理有什麼效用，祇是把事情搞清楚，個人就能獲得一種自由解放。「因真理而自由」是基督教的觀念，也是希臘人的觀念。

但是中國人學西方文化，甚至為科學主義所俘虜，可是卻沒有受這個「為知識而知識、因真理而自由」精神的影響，這個精神反而丟掉了。甚至是變得極端的功利主義。

現代中國知識分子學西方的另一成就是開口閉口便講「批判精神」，「批判」的起點則是「懷疑」。其實中國傳統何嘗不重視「批判」和「懷疑」？不過中國傳統學人先「懷疑」自己、「批判」自己，然後才施之於他人。西方科學家作實驗也是先懷疑自己的方法是否正確、材料是否可靠，檢討自己的假設是否合理。這些完全成立後，才能轉以「批判」前人的立論。現代中國知識分子最缺乏的就是對自我內在的批判，祇會批判別人。接受西方某一家之言後便認為是絕對真理，藉以批判他人。正如王國維說的，今人懷疑一切，但從不懷疑自己立說的根據。所以我說，我們祇學到了科學主義，卻未學到真正的科學的態度。這也是「自我」在精神內涵上貧困的一種表徵。

二十世紀的不斷革命，犧牲了中國二、三千年累積下來無數的精神資本。我個人認為：現代中國在精神資本方面的貧困，遠超過在物質方面的匱乏。儒家講修齊治平，事實上，「修齊」便是先由個人內在修養作起，「治平」則是個人道德的延伸；以現代意義來說，即為公私領域的畫分。這是儒家的一個理想，但無法在現代社會實現。即好的政治是一個好的道德的延伸。所以，我們如要改造中國傳統，似應先從公私領域畫分清楚開始。個人道德不能直接轉化為合理的政治，因為其中有如何建立制度的問題，我們不可能從「家」一步跳到「國」的層次。但是健全的個人才能逐漸導向政治的合理化，則是我所深信不疑的。

最後，讓我再簡單地總結和引申幾句：「五四」以來我們接觸了西方文化的某些表面成果，如民主與科學，但是沒有真正深入西方文化的核心。如果從清末講起，那麼我們先想搬西方科技（船堅砲利），後想搬制度（國會、立憲），到「五四」時則進一步搬西方思想。這是一層轉進一層，可是到了思想這個層次，我們的限制太多了。在「大我」存亡的關頭，我們幾乎完全忽略了「小我」的重要性。其結果是政治吞沒了文化，無論是中國傳統中的「自我」的精神資源或西方的資源都沒有人認真去發掘。最近泰勒 (Charles Taylor) 寫了一本大書，即 *Sources of the Self: the Making of the Modern Identity*，對西方部分有詳明的討論。我們試一讀此書，便不會衹為「民主」與「科學」所吸引了。「民主」和「科學」的背後還有更引人入勝的文化背景或基礎的問題。中國近代的個人觀始終沒有真正建立起來，「五四」時代雖有個性解放的要求，所以易卜生戲劇中「娜拉」(Nora) 的棄家出走曾轟動一時。但是娜拉出走後，下場如何？她要到那兒去？我們好像從未認真討論過，所以魯迅斷定娜拉的下場不會好到那裏去。西方的個人主義有其宗教、社會等等特殊背景，並不能一下子搬過來，也許根本搬不過來，或者即使搬過來也難免弊多於利，而且今天西方思想也不以個人主義為絕對價值了。中國現代人對「大我」與「小我」之間的關係也認識模糊，好像我們的直覺總是認為「小我」可以而且應該隨時隨地為「大我」犧牲。因此，「五四」時徹底打垮了儒家的舊「名教」，但一轉身我們又心甘情願地陷入馬克思主義的新「名教」，我們從中國傳統的相對性的權威主義中解放了出來，但馬上投身於絕對性的權威主義——共產黨的統治。這是為什麼？還不是因為我們迷信「新名教」，「革命」、「進步」……都成了不容絲毫懷疑的「名」。新「綱常」終於代替了舊「綱常」。一言以蔽之，中國現代知識分子對於「個人」或「自我」根本沒有任何信心。胡適是最能重視「個人」的價值了，但是他還是相信「科學」可以「統一人生觀」，果真如此，「個人」、「自我」還有什麼意義？這和列寧所說「螺絲釘」又有何不同？胡適之見尚且如此，其他人可想而知。「個人觀」的混亂正是二十世紀中國精神崩潰的象徵。

討論部分

問：中國士大夫作官時，尚有如同西方的「傳教」的功能；可是西方文化進入中國後，士大夫便失去此一作用。在中國，有無可能再重建一個新的士大夫「傳教」的規範？

答：儒家是否為一宗教，要看如何定義宗教。有人認為儒家是宗教，但宗教畢竟是西方的觀念，強加在中國的文化上似乎有點困難。中國民間的行為規範的建立主要是由儒家擔負的責任，西方的宗教是道德的來源，中國的道德則大多是從儒家來的。所以，如果說儒家是一個宗教，但是卻沒有上帝觀念的存在。儒家是沒有上帝觀念的宗教，可以說是中國宗教的特色。從這裏可以看出來，在文化問題上，許多東西是社會科學的一般概念所無法通釋的，也不能一律加以套用。

儒家沒有教會組織，但歷史上往往有讀儒家經典的士人，在作官後，深覺自己有教化民眾的責任，因此皆負起傳教的任務。這個傳統自漢一直延續至清末。

宋明理學家很多作過地方官，他們認為士大夫不僅要作官，更要緊的是為師，像陸象山、朱熹，他們認為更重要的是教育一般老百姓，自己就承擔起這個責任。但是傳教並不是政府要求的，這是中國一個很重要的傳統。如：曾國藩、阮元及晚清的張之洞等人，都承繼了這個傳統，傳播思想並非他們作官的任務，祇是他們利用職務之便，宣揚思想和理念。這些在西方歷史是找不到的。中國的士人寧願以老師而非官吏的身分出現。

儒教和中國傳統政治社會制度一直是連結在一起，但至民國以後，科舉廢除、帝國制度改變，學校也成了新式學堂，祇有少數的儒家學者在延續這個傳統。此時儒教祇有採自由講學的方式才可發生作用。而近代在思想上發生作用的，首推北京大學。在蔡元培的寬容下，陳獨秀、胡適得以在北大提倡新思想。那時，社會上小規模的講學仍存在，只是未起很大影響，此實因傳統制度已經消失，使儒教很難找到據點，得以宣揚。所以，既是官吏又是傳教師的這個傳統在清末已斷絕。今後要發揚儒教思想，唯有藉社會中的組織。

問：大陸是否已失去原有的價值體系？應如何重建使之能適應新的社會？

答：中國有些價值是被忽略了，而不是完全失去了。自「五四」以來，社會上呈現的是反傳統的現象，例外的也只有少數，如：孫中山提倡舊道德，他認為沒有這些傳統的道德，革命也會有問題。別的人並不欣賞他，包括胡適在內都認為孫先生提倡舊道德是在敷衍舊勢力。就連國民黨在這方面也沒做到。也許因為孫中山受的是西方教育，所以他對中國文化傳統感興趣，正如現代中國人對中國文化有興趣的是海外華僑；華僑對中國傳統文化的概念也許較模糊，但對傳統卻十分尊敬。目前中國鄉村之間還保存一些通俗的中國文化，然而中國知識分子卻是最早離開傳統儒教文化的一羣。不僅在中國本土如此，在新加坡亦然。中國知識分子祇談「五四」，不是理智上的反儒家，而是在情感上敵視儒家。臺灣的情況也是一樣。知識分子最怕沾上儒家。如此皆為情緒上的反儒，並非經過深思熟慮的分析。所以，說到重建，首先應在態度上改進。我並不是在提倡儒家，我也許同情儒家的某些立場和觀念，也認為儒家某些東西具有現代的意義，但是要問我是不是新儒家？我說：什麼家也不是。

舉個例子來說，孟子說「捨生取義」、「魚與熊掌不可兼得」，但是，如果你問我這個問題，那我可能選擇魚，而不選熊掌。因為我對熊掌毫無興趣。在孟子的時代，熊掌大概是比較珍貴的，所以他選擇熊掌。魚和熊掌只是個比喻，是指生命與意義之間，捨生取義是一個選擇，這好像祇是中國的一個傳統觀念。但是，最近在美國的哲學界，也有人討論這個問題：人與禽獸的分別在那裏？他們的討論指出：人與動物都會有選擇的能力，但是祇有人有 Second order choice（第二序選擇），就是我們還能在兩個東西中間加以評價。

今天，西方的道德哲學經過這麼長時間的演變，所提出的概念幾乎和孟子最早提出的問題，是同一個模式的。他們幾乎是不謀而合的，因為這些西方人顯然並沒有讀過孟子的書。這些哲學上或宗教上的發展，是因為今天世俗化的結果，使得西方人無法以上帝的觀念來作為道德哲學的根據，但是卻還必須有一個「人異於獸」的超越性準則，所以有了這樣的發展。我們說多元社會，但是多元社會有很多的問題：流於凡事都是相對的，沒有絕對的法則，那問題就來了，「生」和「義」就很可能是一樣的，甚至還會有人主張「義」是人造的、虛構的，認為「生」比「義」更重要。

中國如何重建儒家？不一定非採形上學的路線，因自「五四」後，對玄學家一直有偏見，現在「形而上」是一句罵人的話，就是指不科學的、胡說八道的，所以又遇到了「態度」這個問題。西方的許多學者已開始轉向，認為純粹科學或是和科學相連的哲學，例如：知識論的一套東西，並非一切，歐洲傳統漸受注意和風行。但是受注意的東西未必是好的、正確的，不過，可能導出新路。不過講到詮釋的哲學，這與中國較接近，早期的康德、黑格爾，與中國的儒家、宋明理學比較類似。歐洲文化與中國傳統並非一致，但卻有共同的取向。我想說的是，中國的傳統哲學經過現代的解說，並不如大家心中想像的那麼落後。因此，建立新的價值體系，第一步便是知識重建的工作。

西方的哲學並不全是思辨，它也一樣重實踐。注重實踐的東西在中國是很容易被接受，因為它與中國幾千年來的文化傳統相接近。以馬克思主義來講，他也主張哲學的任務是批判世界、改變世界的，它也是強調實踐。儒家的「盡心知天」根本是要改變世界，解釋並非它的長處。這正是中國知識論比較不發達的原因。中國人講「天」，但是從來很少去搞清楚「天」是什麼，而是講「盡性」，盡自己的性就能知他人的性，盡人之性也就能盡物之性，也就能知「天」。中國人並不注重知識是如何形成的。中國要重建傳統的文化，就要在知識論上作加強和補充，尤其要努力 argue，這個可在學院或知識界進行，重要的是這種經過現代重建的知識必須和生活逐漸融化成一體。

如果把修身齊家放在「私」的領域，則儒家的道德理念是可行的，但卻不一定要能推到治國平天下的層次，因為那是「公」的領域，這可以避免儒家和政治之間的關連。例如：新加坡人人批評李光耀是想把職位傳給其子所以才提倡儒家。其實，儒家亦主張傳賢。因此我們不能說思想文化被政治利用後，本質就變了；誤以為儒家只是政治的意識型態，正如基督教有「君權神授」的理論，也有解放神學，是一樣的道理。我們不能把儒家解釋成祇是政治控制的工具，不僅不公平也不合時宜。所以應把修齊治平分成「公」、「私」兩部分。儒家在維持家庭和諧的關係有其作用，在造就某種有品德的人、與人的家庭關係上是有意義的。所謂「求忠臣於孝子之門」正是此意。大陸上如果要恢復或重建中國的價值系統必須先具備兩個條件：第一是恢復民間社會的動力，在政治力量之外有比較獨立的社會力量；第二是知識分子必須改變反傳統的極端態度，並修正實證主義的觀點，否則便不可能對傳統文化價值有同情的瞭解。但這兩個條件都不易得。

問：思想或宗教信仰祇要為意識型態者，皆有可能被利用作為政治工具，但這現象似乎在臺灣特別嚴重。和大陸比起來，臺灣是特別號稱恢復儒家精神的，這可由中小學教材編排很明顯地看出，例如文工會的工作內容有一半以上是對匪文化作戰。是否儒家本身確實有一部分特別適合作為政治利用的工具？

答：你的問題是對政府提倡儒學的反感，這種反應也是應該有的。政府的確不該提倡任何一宗派、學派或教義，我個人反對文化政策，任何文化政策都是不需要的。政府可以提供某種經費給民間的團體或基金會，也可以在經費的運用上有其價值取向，但它沒有理由提倡任何特殊的學說。同時我坦白說，陳立夫編寫四書等文化教材的努力是沒用的，我想日後的教科書會重新編寫，你說的也只是過去的現象，我們根本不必再去重視。

問：中國傳統文化是否有人權觀念？若有，與西方人權觀念有何不同之處？如果沒有，那麼是什麼因素阻礙其觀念的發展？是否可比較一下中國的仁政思想與西方的人權觀念？

答：中國人講人權，是由義務與責任開始。西方的人權來自上帝，因為生命從上帝而來，上帝就賦予生命不能被剝奪的人權。中國的說法則是「天地之性人為貴」，人命關天，上天有好生之德，所以生命為第一權利，吃得飽穿得暖為第二權利。中國人的仁政講的是政府最起碼應作到的事，災荒時期人民必須賑濟，政府有這個責任，倒過來講，就是人民的權利。所以中國人是講義務和責任，義務的對象就是具有權利的人。西方人講自然的權利，中國人講的是「天理」。因此，中國人的天理，便是中國式人權觀念的表現。政府的責任便是人民的權利。假使百姓受飢寒，即表示政府未盡責任，亦即人民未享受權利。所以直接的語言是「責任語言」或「義務語言」，而非「權利語言」，西方亦有此二種語言。此外，中國人權觀念不認可奴隸制度，西方則到了基督教時期才有這個觀念。相當於西方人權的觀念，在中國是有的，但其實西方的人權觀也一直在變化，不斷的在擴大。基本上，中國與西方人權觀念比較起來，是各有千秋。中國人的第一個前提是尊重生命，第二是孟子所謂「黎民不飢不寒」、「為民制產」等權利；中國人的人權觀是受了儒家精神、道德思想及佛教的影響，西方現在的人權觀念則可以聯合國《人權宣言》為代表。

問：人一出生，文化就已經被界定。在中國長期延續、文化發展過程中，是否有突破這個界定的可能？不同的文化有不同的根，中國文化的根，基本特徵為何？為什麼中華民族會形成這樣的文化特徵？共產黨文化是以摧毀所有其他文化為特徵的，也可以說是無根的文化，為何能將中國有根的文化，在短時間內摧毀殆盡？現在重建文化卻必須藉那些接受共產文化洗腦後已放棄傳統思想文化的知識分子，這個問題如何解決？而重建文化的生長點，可能來自哪個角度？

答：經驗告訴我們，人是可以超越「文化界限」的，在經過比較、判斷後，人是可以突破原有的文化界限。

第二個問題，中國文化的根是什麼？

中國文化的根倒很難講它是什麼。我們可以從中國的地理環境來講，它和外界是比較隔絕的，東南邊是海、西北是高山沙漠，它可以自成一個區域，對外交通的建立，並不是很早，外來的影響也就不是很大。中國文化的特色，可以說在夏商周時代已經有了，是一個很長的文化源流；在這裏面，「家族」大概佔了很重要的成份，也可以說，中國文化是以家庭為主的。

為什麼中國文化遇上共產黨會摧枯拉朽呢？

中國文化遭遇的問題並非自共產黨開始，也不是完全被共產黨摧毀的。早在十九世紀末，中國儒家意義世界已經崩潰，那時已向外來文化尋找填補空白的材料，但完全移植外來文化未必容易，共產黨主要是利用民族危機的空隙發展起來。當時知識分子也並不是覺得共產主義有何特別迷人之處，但是它巧於統戰，用「民主」、「科學」、「救中國」為號召，再加上抗戰以後國民黨的腐敗，所以共產黨才能如此快速的攫取人心。共產黨之所以能摧毀中國文化是因為它首先用暴力毀掉了傳統的民間社會，它的特色是獨占一切權力和影響力，臥榻之旁不容他人鼾睡。「民間」已不存在，文化何能立足？

有人說共產黨是「不道德的道德」，它的本身是不道德、殘忍的，但它運用的是道德的力量。中國文化本來便有強烈的道德意識，恰好為共產黨所利用。而且「五四」以來反傳統，首當其衝的往往是比較好的傳統，這些中國傳統文化中好的部分卻因為反傳統給反掉了，反不掉的、存在生活習慣上的傳統卻保留下來。壞的傳統留在生活中，就腐蝕到共產黨裏面去了，在共產黨裏面的人不是跟着權力腐化，就只好靠邊站獨善其身了。所以早期懷有理想色彩的、相信共產主義的知識分子絕大部分是失望的，共產主義只不過是為共產黨所利用的「名教」，藉此以壟斷所有社會、經濟資源而已。中國幾千年傳下來的制度雖然不全是好的，但不好的部分祇可以聽其自然淘汰或慢慢改變。在中外歷史上，任何以激烈的革命方式徹底改造社會的活動都會帶來更大的災難，因為推翻舊有的制度、建立全新的體制，往往把社會搞得更亂。我認為一切革命都是假象，改革應該是漸進的，那有可能在一夜之間就能夠改變一切？中國共產黨是無文化可言，即使現在想修改既有政策亦十分困難，譬如：所有資源如何重新分配就是一個大問題。

問：近百年來中國對西方與舊有文化間的取捨問題上，百年來有所謂的「折衷論」，您的看法如何？此外，似乎中國知識分子在接觸西方文化時必然經過曲解的過程，是否必須如此，西方文化才比較容易引介到中國？請試以「民間文化」的觀點來探討：原始儒家文化是否有西方個人主義的成份？

答：介紹西方文化時，曲解的過程是必然的。因為當時西方有些觀念，在中國還沒有適當的名辭或概念與之契合。而且中國文字是圖形的，它會令人產生聯想，不似西洋的拼音文字，因此在翻譯上更難掌握。所以早期的翻譯不容易忠於原作。佛教初來時的「格義」便是如此，「格義」不失為最初溝通之一法，久而久之，認識便深刻了。至於「民間文化」在中國的資料太少，在古代沒有「人類學家」去觀察、記錄農民的生活、想法。因為中國社會沒有太明顯的階級限制，農民沒有束縛，彼此之間常有親戚的關係，親族的關係把階級的界線給打破了。中國通俗文化極少史料可依據，沒有教會的資料，也沒有什麼宗教的衝突，所以很少人記錄。但整體說來，中國低層的民間文化與高階層的文化並非對立的，而是多半由上層文化慢慢滲透到下層，經由口耳傳授，或師生的傳遞，有時候也會變樣子，但是可以找到它的源頭。猶如儒家中的大傳統與小傳統是相延續的，對立性不似西方那麼明顯。民間文化的記載越是古代越少，所以我們不太知道原始儒家文化在民間的樣子，不過西方個人主義似乎不能於此求之。

主席：由於時間有限，是不是請有問題的人一次把問題提完，然後請余先生綜合回答，我們就結束今天這一場演講。

問：我認為中、西方人權的概念仍有不同之處，請余先生再作說明。

問：我也認為中西人權概念有區別。西方的人權概念指的是政府不應剝奪人民的權益，而中國則主張政府應該作什麼。聯合國《人權宣言》中的人權概念則二者皆有之。我個人以為整個西方民主自由的建立與西方最初的人權概念相關最大。在這一點上，中國古人是否也有同樣的觀念。

問：我對文化重建的可能性感到懷疑。余先生所談的，很強調超越性的意義，但是對一般百姓來說，他們很難建立起一系列道德上的規範，或是對道德、文化的肯定。傳統上解決這個問題有二個方法，一是知識分子談天道、義理，或從人性中引申出對道的肯定；一是通過家族觀念、祖先崇拜、親情等等來肯定。但是，要產生作用必須有條件，例如知識分子必須具有權威的地位……等等。但是現在的困難是，以前所具備的條件已經不存在了，現在的社會又已趨向多元化，使知識分子間很難有認同感；另外家庭結構解體、宗親觀念亦淡化，總而言之，我認為價值體系重建的問題上，是無路可走的。

問：有關臺灣社會與中國文化的關係，從我的生活體驗來說，中國人的生活方式在臺灣保留仍多，因此有人認為：臺灣文化是中國大陸內地文化的延續，但是在近代化的歷程中，臺灣文化和大陸內地文化已經產生了很多的不同。如果以大的中國文化圈子的角度來看，一些如新加坡、臺灣、香港的文化與整個中國文化的變遷，彼此間有多大的差異？若差異大，那麼未來臺灣政治民主化之後，或者是將來臺灣變成一個獨立的政治單元，中國文化在這些地區日後的發展會呈現哪些面貌？

問：中國經文化革命以後，造成各方面嚴重的破壞，有很大的因素是來自於百年來的文化失落問題。西方從古希臘羅馬以來，是多君主的小諸侯國，但神是單一的；中國自春秋至秦，君主衹一個、神明卻不衹一個。中國幾千年來在強盛時期都實行天人合一，一方面表現在君權神授、一方面則是儒道佛三家主張凡人皆可修成神。但是到了現實政治中，儒道佛的弟子只能爭正統、不能反叛，而政體與儒道佛三家是結合一起。歐洲諸侯國的君主是上帝之子，並非上帝的化身，他的弟子是可以反叛，表現在現實政治中，便是多元的。中國自春秋戰國以來，強調羣體、理想，到了宋明理學，儒家雖有新意義，但宋時國家已積弱不振。今日，中國人民對中國傳統中好的部分並未保留，優良的西方文化又無法吸收，因此，在中短期內中國政治、經濟的改革也許有希望，但在文化重建與人的再造上，我認為是無望的。

問：歐洲有多少種不同的自由觀？相互間有哪些異同？自由與平等是有衝突的，不同的民族在不同的文化、政治體中，對此二個價值的選擇，有什麼樣的文化、知識與政治上的背景？

問：個人觀是否還可以從更多層面來探討？

問：講到價值觀和生活的結合，對於一些自認為「舉頭天外望，無我這般人」的人來說，自然只有享受「千山我獨行」的寂寞，您對此有什麼看法？這觀念在今天社會中是否仍然適用？同時您對於《論語》中「君子尊賢而容眾，嘉善而矜不能……」的看法如何？

問：中國人認為西方文化和思想就是科學，且衹重視他們的技術層面，與西方科學精神的層面不同。近代耶穌會宗旨主要是論證基督教的價值系統，我想了解當時徐光啟看耶穌會的西方文化是屬於哪個層面？對於「形而上」的說法，是否當時已經就有了？

問：我想請問余先生的個人信仰為何？

問：我與余先生有二點同感：⑴反對革命、主張漸進。⑵在價值方面，我有很深的危機感，其中不衹由於中國的政治轉型而引起的，還由於西方的商業化和科技發展所引起的社會轉型，而產生了危機感。此外，我有三項觀察：

⑴現代科學已經和「五四」時的科學不一樣。西方分析科學已經結束，而應回到東方的有機論的觀點。現在的科學家與社會、經濟、心理學家已沒有以前那麼大的鴻溝。

我是個科學家也是個宗教信徒，我就是余先生說的那種對科學無可救藥的樂觀主義者。

(2)文化的討論經常是危險的。我不同意文化有失落、倒退的問題，文化是一個融合的過程。文化是無法重建的，但是可以演化。

(3)價值觀的生長必須有個生長的出發點，不能空中樓閣的去架設，必須找到一個生長點去演化。存在一定有他的道理，我們不能一談到大陸上的問題，就說這四十幾年是一片黑暗、一片落後，然後就說是要重建。我們一定得找到它的根，做為出發點、生長點。

答：我現在綜合的回答各位的問題。

(1)「人權」根本是西方的概念，在中國祇有相似的觀念與之契合，但不能逕以「人權」稱之。最重要的差異是在中西文化對於法律的觀念不同。西方人權是法律的語言，中國的道德語言是產生不了「權利」的觀念，只有義務的觀念。此外，權利是以個人為本位，這又和中國的家族一體的想法不合，但不能說中國人完全沒有類似「權利」的思想。

(2)關於文化重建的種種問題，是一個很大的問題。尤其是陳平先生問的問題，是很有趣的，他的一些觀察，我是同意的，比如說人文和科學之間的對話和溝通，是充滿了各種可能的。陳先生提到文化無所謂失落、再造……，如果從現象上來看，是這樣的，但是人的問題的麻煩也就在這裏，比如說如果對這個現象有所不滿、不適應，個人就會產生失落感，失落是好還是壞？這是價值判斷的問題。陳先生是樂觀主義者，我也不是悲觀主義者，我是短期的悲觀主義者、長期的樂觀主義者。長時期的來說，我對人性還是有信心的。

(3)文化重建是沒有捷徑的，是否值得重建則看每個人的判斷。文化本身一直在改變，沒有辦法依照人的意志或歷史的規律加以控制，所以無法計算文化如何發展，但至少知識分子在價值問題上應擔負澄清思想的責任。我不相信歷史的必然性，可是我相信人類在大部分環境因素被決定的情況下，仍有一點點可以活動的自由意志。自由意志有其作用，至於作用大小，可能與歷史狀態和條件有關。關於價值問題是可以從不同的層面去努力。提倡一種思想或改進一種文化，都必須長期努力，但不能妄想。我們希望重建的文化，也必須靠日積月累的功夫，不可能一朝一夕即立竿見影的。至於個人作得是否成功，我想都還必須超越功利的觀點。

(4)臺灣文化是中國文化的一個支脈。嚴格說來，向海外發展是中國近一千年來的自然趨勢，在鄭成功時代臺灣文化確為內地文化的延伸。之後，臺灣受日本統治五十年，在這脫離中國統治五十年間也影響了臺灣文化的發展。今日，臺灣在文化上基本還是中國文化區的一部分。而新加坡與臺灣大不相同。它曾受英國統治，政治制度為英人遺留下的法治，一切民主制度的形式與條件都比較完備；此外社會上的華人間有彼此分歧的現象，上層的華人是西方文化，但仍有下層的中華民俗文化。新加坡是由華人移民過去的，它是一個中西結合的產物。香港是英國殖民地，但完全是中國文化區，新加坡的華人知識分子皆受過「五四」的洗禮，所以反儒家、反傳統，香港則不然，它甚至是傳統舊文化匯集的地方。至於臺灣本地人所保存的中華文化仍相當多，此由家庭關係可以看出。至於臺灣文化中有多少是日本統治後留下的陰影，我個人並不了解。但從政治制度來看，臺灣以前是國民黨一黨專政，民主祇是少數高級知識分子的追求，這很明顯是受「五四」的影響。後期的臺灣文化已有相當大的變化，但文化的基調還是中國的。中國文化區是大於政治區的，過去中國文化區甚至包含朝鮮、越南等地，政治區只包含中國本土。中國擴張主義不似西方濃厚。西方在移民之後有政府為其撐腰，中國則只是因為人口的流動、海上貿易的興起才向外擴張，對於移民，政府亦極少過問。臺灣是中國向海外擴展的最尖端，即使沒經過政治的變化，它仍會發展起來。國民黨對於臺灣的客觀作用是保持臺灣免受共產黨的侵害。臺灣文化確實是中國文化的延伸，日後也無法分開。中國這個名詞基本上是文化的概念，而非政治的概念。

(5)自由的概念相當多，德國式的自由與英美式的自由就不同。有人主張自由即人權，但現在討論政治自由較流行的說法有：積極的自由與消極的自由。而馬克思主義的自由，早期是一種烏托邦式的浪漫的主張：馬克思在《巴黎手稿》中認為共產主義可以解決自由與必然的衝突；後來又在《德意志意識型態》中提出一種廢除分工後的個人自由，即個人可以任意發展他的才能。但恩格斯已在《反杜林論》中說自由即認識必然、掌握規律，說法一轉，即成了列寧作螺絲釘的理論，黨已掌握了規律，黨員和羣眾只要自願服從規律即可，這就對自由完全否定了。中國的自由觀念最初自日本傳入，嚴復譯為「羣己權界」；至於胡適的說法是《論語》的「為仁由己」，相當於一種自由意志。莊子的〈逍遙遊〉中的自由觀念最傳神，但強調的是精神自由，與西方以自由與權利相等的觀念大異其趣。最荒唐的是毛澤東的自由論，他認為自由即散散漫漫，所以必須加以反對，他對自由主義作了毫無根據的解釋；國民黨對自由主義亦有誤解，也許都是因為政治關係曲解了自由觀念。自由的地位在中國思想中還不是很明確。所以到底哪一種自由觀比較適合中國社會、歷史背景，是值得我們努力研究的。

附記

這是一九九〇年八月在美國 Santa Cruz 浩然營暑期研討會上的一篇講詞。這次收入本書作了較大的修改。

自我的失落與重建

——中國現代的意義危機

首先要說明，這次講題的內容比較一般性，是我近來常常思考但是還沒有得到確定答案的問題。這裏並不涉及一套有系統的哲學或歷史觀。所謂「意義危機」，當然比「自我失落」涵蓋得大，但是我講「意義危機」的時候，是把「自我失落」當作一個重點。

「意義」事實上可以等同於文化。我記得韋伯曾說人類編織意義的網，然後蜷在裏面；每個文化都是一面網，這網可大可小。在傳統中國和傳統西方中意義的世界比較穩定，如中古西方有牢不可破的上帝觀念，中國人有天地君親師的觀念，這些傳統意義都有宇宙論作背景，是屬於長期穩定性的意義，不太會發生危機。並不是說中國過去沒有危機，可說每一種思想史上的大變化都是一個危機的出現，如大漢帝國崩潰，思想改變，由儒家入世思想當道變而道家、佛教盛行。但是古代的意義危機和現代的意義危機是無可相比的，因為我國現代是整個天地崩塌了，西方則是上帝死亡了，這樣的危機不可謂不大。

中國的現代危機大概始於十九世紀末二十世紀初，當時「意義」的危機已相當明顯。自古我們視為天經地義、不可動搖的真理，如天地君親師、五倫等萬古綱常突然間改變了，這種三千年未有之劇變，至今尚未解決。今天之所以單談「個人的失落」這一部分，是因為最近我遇見大陸八九年天安門民運的人士，其中有年長的如四五十歲，也有二十幾歲的青年，從他們身上，我感受到他們對自己有一種失落感。我想到尤其是大陸年輕的一代，經常不清楚他們自己是誰。「我是誰」，這是一個很淺的問題，同時也是一個極深奧的問題，自古至今都無法答覆的。但是在一個文化沒有危機，意義系統穩定的時代裏，人人清楚自己是誰。如中國京戲中「臣盡忠來子盡孝，不枉人間走一遭」。這些所謂的忠臣孝子皆純指所扮演的社會角色而言，若照莊子、道家的思想，所謂的真我就是真人，完全是自身的，和所扮演的社會角色無關，可能與宇宙的本體發生聯繫，或是道之一部分；道是不可說的，人卻可以認識什麼才是真的自己。以上這些問題，在以前比較簡單，大家承認有一個超越的力量，或叫做「道」，或叫做「仁」，甚或某一種高高在上的東西，和人聯繫在一起，你覺得很穩當可靠，沒有危機感。現在則不同，現代雖仍有宗教，但對不信宗教、俗世的知識分子該如何呢？他們很難相信有一種仁義道德的力量是和天地相連的。如文天祥臨死前所寫的〈正氣歌〉，他認為正氣是整個宇宙的化身，死亡後回到天地是心安理得之事，他覺得死亡並非消滅，所以沒有缺憾，這必須有一份信仰的超越力量，即如史可法的從容就義，也是因為他在精神上有一種超越力量。

現代中國人很少會相信天地仁義道德的力量；傳統知識分子所信仰的儒家思想，是依賴俗世制度、家庭制度支撐的。現在家庭制度本身遭到極大的破壞，親族鄰里的關係也不可靠。現代社會的流動性使這些原來儒家得以寄生的制度發生動搖，所以真正信仰儒家的人，也就比西方信奉基督教的人少得多。究其根柢，儒家雖有宗教的一面，但在今天已不能普遍提供「意義」了。從天地、超越的觀念來看，儒教也算是一種宗教，但因沒有組織、傳教士，也就無法長期維持下去。從前在中國各種學校中，小自家庭私塾，大到州學、縣學、太學，都有至聖先師孔子的牌位，學生必須每日向孔子行禮、致意，這些儀式都是極重要的，如果沒有這些儀式，師生之道久而久之就為人所淡忘了。這是儒家、儒教比不上西方信徒之多的原因；而中國的道教原是許多本土信仰揉和、抄襲佛教的內容儀式而成，即便合而觀之，佛道只提供了出世的想法，不一定能解決現代中國人面臨遽變世界的自我失落。這就產生了危機，中國人不信固有文化。

早期穩定的傳統文化，至現代忽而起了變化，從嚴復、梁啟超開始介紹西方的思想文化，一種觀念逐漸形成，就是中國的意義世界不可靠，必須向西方尋求新的意義。再如一九〇五年至一九一一年章太炎、劉師培領導的《國粹學報》，一些現代中國的啟蒙者，連本是傳統學術大師的人物，都紛紛向西方世界尋求一個新的意義系統，他們第一個大目標即是國家如何生存。中國從康有為上書以來，如《波蘭亡國記》所引喻的，通常強調一點：中國領土即刻會被瓜分，國家的危機也就是第一個意義危機，這一段時間從清末持續到抗日戰爭。《國粹學報》介紹西方的思想，多半與歐美政治哲學有關，其中如盧梭的《民約論》，影響極大。其實這些新的意義並非西方獨有，中國可能「古已有之」，只因中國另一種制度或另一種歷史發展而淹沒了，這可從古籍中找到根據，例如當時一再被提出的孟子

「民為貴，社稷次之，君為輕」。另外如十九世紀末二十世紀初中國的無政府主義者也有援引老莊思想的。無政府主義當時又和共產主義很接近，當時許多人分不清二者之間的界線，其實二者之間差異很大。當時所嚮往的大體是烏托邦的社會主義，李澤厚就講述過：中國許多老一輩共產黨員、革命分子，當初認為共產主義並不是最後一步，他們之所以參加共產黨，是希望為無政府主義舖路，達到最後人人皆自由的目的；甚至像莊子所倡的自由，非但人與人之間無界限，同時人與鳥獸相處也能達到所謂麋鹿不驚的理想境界。由此可見當時這種無政府主義的思潮，多少是以自我為本位，而非以羣體為本位。這一套思想在民國初年《國粹學報》時代得到大力的提倡，所以可以這麼說：當時討論與關心的，並非完全集中於集體問題、國家民族問題。但是很快地中國的政治情勢、國際情勢，使得國人將國家的問題，民族的危機放在第一位。這時意義的危機已不再以「自我」為中心。

下一個階段思想界最大的變化發生在五四時期；但又可分成兩小階段。「五四」的前一階段，大約從一九一七到一九二一年，強調個性解放，如《狂人日記》中提出對吃人禮教的看法，就是從自我的觀點出發，所透露的是綱常壓迫下個人意義的危機。後一階段，意義的危機則從個人轉移到國家，這大致是一九二二到一九二八年間的事。前期的個人主義，陳獨秀比胡適還更有代表性。但個性解放以後的自我究竟應該怎樣安頓？這個問題當時沒有答案，魯迅所提出的問題：娜拉（易卜生劇中主角）從家庭出走以後到底向何處去？這個問題便象徵了自我的失落。我們可以說，「五四」後期國家和民族的危機感和早期的個性解放是有着內在的矛盾的。即使是個人主義者，在整個民族的危機前面，也不得不暫時把個人放在一邊，先救國家。以胡適為例，他在〈社會不朽論〉一文中，提出小我終究會死亡、消失，而大我社會千秋萬世都要流傳下去。基本上，胡適不相信靈魂，但他卻相信不朽，指的就是小我的不朽必須依靠大我的萬古長存。因此，我們不能簡單斷定胡適是個人主義者。他在「五四」時期便寫過一篇文章，提倡「非個人主義的新生活」。最近我從胡適的十八本日記中發現，從頭至尾他都沒有考慮到個人的問題，無論婚姻、交友、教書、做事，他所犧牲的都是自我，只為成全大我。在此不難發覺胡適在言論上雖提倡個人自主，行事卻是以成全大我為目的，二者之間呈現出一種緊張狀態，似乎是矛盾不相容的；但是從長遠的角度觀之，胡適並不認為二者有所衝突，他認為中國最要緊的是把中國變成一個現代化的國家，使它能在世界上生存，然後小我才得以發展。

三十年代以後民族危機昇高，一般人，尤其是知識分子，都有為民族生存而犧牲小我的觀念，個人主義沒有發展是很自然的。可以肯定地說，近百年來大家所討論的皆是大我的問題，無論是國家民族危機，還是中西文化之差異，皆是以羣體為單位，很少以個人為單位。中國人多數在探索與集體存亡有關的問題，亦即先就大我來探究，小我因而沒有真正深入去發揮。反觀西方近代化過程與中國迥異，早在文藝復興時代人文主義者已慢慢思考到個人尊嚴、靈魂不朽的問題，至後來的宗教改革更深入個人信仰、個人直接面對上帝的問題，另外尚有某些思想家提出認知的自我、知識的自我，即是一種分解、客觀化的自我。而中國由於宗教沒有深入，儒家無法成為一個宗教，現代又由於救亡圖存的迫切需要，未能真正深入探討自我的問題，甚至對於人權問題也沒有什麼發揮。古代，《莊子》裏面對自我的種種看法，後來影響了許多作品，包括魏晉以下的詩文。宋明理學、王陽明乃至晚明的許多學說，談的常是自我的問題。換言之，中國並非沒有個人自由思想的源頭，而是未能深入去發掘，後人或由於覺得沒有必要，或只想解決「大」問題，這些皆是造成自我失落的主因。

但是自我的問題並非如此容易消滅的，你可以用「大我」壓它於一時，但最後它仍將變相出現。所謂 Ego，一種形軀的、無道德意識的、沒任何超越性、只有利害打算的自我、中國人稱之為「人欲」的，就會赤裸裸的呈現。它會篡奪所有有關集體性、大公無私那些美妙的名詞，取而代之。這可以毛澤東為最佳例證。毛澤東早年也未嘗沒有理想主義，在「五四」時代，他也想改變中國，贊同胡適的「多研究問題，少談些主義」。但是後來他在革命過程中奪取了最高權力，但由於他既無道德修養，也沒有現代知識，祇憑一股暴戾之氣在那裏橫衝直闖，那個祇作個人打算的 Ego 就出現了，並支配了他後半世的生命。Ego 的膨脹，充分表現他所說的大話、空話，自己儼然成為中國的化身，他的一舉一動即是中國的運作方向，所造成的災難是大家有目共睹的。今天很多人唾罵毛澤東，但是當年有多少人敬仰他，包括梁漱溟表面處處與之作對，內心卻佩服他到極點——畢竟毛澤東把中國這個大我的國際形象樹立了起來。一九五七年「反右」以後，毛澤東的自我膨脹在「人民」這個口號的掩飾之下已泛濫成災，到了一九六六年的所謂「文革」更是流毒天下。他為了奪回失去的權力，不惜自毀共黨的組織。許許多多久經壓抑的原始自我——「人欲」——也得以趁機借「人民」、「革命」等大我的符號——「天理」——而橫流。

今天，集體危機過去了，個體的危機比「五四」前夕更為嚴重，馬家店的新名教也比孔家店的舊名教更壓得使人喘不過氣。自我的失落是大陸上年輕一代的普遍現象。這個危機恐怕沒有別的辦法，只好向中西的文化裏去尋找一些新的意義符號。在過去一百年來，最廣為人用的是集體性的意義符號，如革命、愛國、人民，但現在已不起作用。因此最好的方法是換一批符號。換一批關涉自我的符號，回到自我的系統中去尋找，甚至可以從中國的詩詞去探求。講到這裏，我想到王國維，王國維最初追求的也是自我，他讀的是哲學、文學，對自己寫的詞相當自負，雖不敢稱在北宋之上，至少也超過南宋。他曾說「詞以境界為最上」；所談的仍是個人自我——如「有我之境」與「無我之境」；但北伐前夕，他那一套人生意義都崩潰了，自我也因而失落了。統言之，王國維是近代對自我追求有深度成就的極少數人之一，只可惜他的自我在周遭的意義世界無法存在，因而整體崩潰，這確實是一大悲劇。至於重建的問題，說不定還是要從中國的詩文、《莊子》、禪宗語錄中去找尋答案。「追求新的自我」對現代中國人來說實在是大課題，經過幾十年悲劇得來的深切反省，使我們更覺察在超越的世界崩潰以後，我們必須努力重新建立以個體為本位的意義系統。

附註

這是一九九一年七月一日應德富文教基金會之邀在臺灣大學的演講詞，由《中國時報》記者王妙如女士整理成篇，特此致謝。此次收入本集，我作了一些修改和增補。

關於「新教倫理」與儒學研究

——致《九州學刊》編者

編輯先生：

頃讀貴刊第一卷第一期〈從世界思潮的幾個側面看儒學研究的新動向〉一文，我頗有一些疑問想請作者加以澄清。該文「新教倫理」一節說：

近來不少儒學從業員為了要證明中國確有和新教倫理相似的「工作倫理」，結果化了九牛二虎之力還是不能跳出由柏森斯譯述韋伯文稿而提出的理論架構。試問，如果儒家傳統中確有「工作倫理」（特別是指導商人如何奮發理財的經權之道），那麼中國沒有發展出資本主義（只有各式各樣的萌芽）是不是更說明了新教倫理那種特殊

的文化心理結構才是導向資本主義的不二法門？（頁三五）

這一段話十分難懂，可以引起無數的疑問。例如：一、有誰說過「新教倫理那種特殊的文化心理結構才是導向資本主義的不二法門」？二、有什麼根據可以假定，如果儒家傳統中確有和新教倫理相似的「工作倫理」，它便必然會「發展出資本主義」？三、作者是不是接受了中國大陸史學家關於「資本主義萌芽問題」的提法及其結論，否則何以能肯定地說出「只有各式各樣的萌芽」這句話？四、作者是不是根本不相信儒家傳統中確有「工作倫理」？還是不相信儒家有和新教倫理「相似的工作倫理」？五、「相似」和「相同」截然有別，前者可以包涵着「有同有異」、「同中有異」、「異中有同」各層或強或弱的意思，這純是一個事實的問題。作者有經驗證據足以斷定新教倫理和儒家倫理無一絲一毫「相似」之處嗎？六、作者是否認為中國既沒有發展出資本主義，因此便可以在理論上斷定新教倫理和儒家倫理絕無「相似」的可能呢？七、作者又是否認為任何事實都不足以動搖這種「理論上的斷定」呢？八、儒家有「相似的」倫理而中國沒有發展出資本主義，這一事實（如果是事實的話）為什麼「更說明了新教倫理那種特殊的文化心理結構才是導向資本主義的不二法門」？難道它不可以說明新教倫理與資本主義之間沒有因果關係嗎？難道它不可以說明其他各種可能的歷史情況嗎？由於該文具有高度的概括性，其中每一段，甚至每一句話都需要發展成專文或專書才能說得清楚，所以我不能確切地把握到上引一段文字的真正命意何在。以上所提的幾個問題不過是一時推想所及。但是我要正式提出來向作者請教的則不在此。

我最感興趣的是想知道有那些「儒學從業員」曾「化了九牛二虎之力」祇是「為了要證明中國確有和新教倫理相似的『工作倫理』」？我尤其想知道作者所指的「近來不少儒學從業員」之中是否也包括了我在內？因為我雖然不是什麼「儒學從業員」，但恰好最近寫了一篇〈中國近世宗教倫理與商人精神〉（載《知識分子》第二卷第二期，一九八五年冬季號）。在這篇專論中我又恰好化了一點功夫——雖然不是什麼「九牛二虎之力」——討論到中國的「工作倫理」的問題。

如果作者這段話確是指我這篇近作而言，我想知道：我在什麼地方「不能跳出由柏森斯譯述韋伯文稿而提出的理論架構」？我的確引用了柏森斯所譯的《新教倫理與資本主義的精神》一書，但是我並不知道這本書中的「理論架構」不是韋伯原有的，而是柏森斯加上去的。是不是現在已有人指出了柏氏譯本極不忠實，因此完全曲解了韋伯的原意？柏森斯的英譯本是在一九三〇年出版的；他譯此書是初至哈佛大學一面任教、一面研究經濟學的時代。這時的柏森斯尚在學習掌握韋伯理論的階段，他自己有什麼「理論架構」呢？但是我在〈宗教倫理〉一文中除了引及柏森斯的早期譯述之外，並沒有涉及他本人的社會學觀點。我根本從未「進入」他的「理論架構」，怎麼會發生「跳不出」的問題呢？是不是凡一涉及宗教倫理與經濟行為之間的關係便算是掉進了柏森斯的「理論架構」呢？那麼作者「工業東亞」全節的討論是不是也在這個「架構」的籠罩之下呢？我不但沒有涉及柏氏的「架構」，而且也沒有依賴韋伯本人的「架構」。所以我在原文中一再強調所提出的祇是「韋伯式」的問題，因為我所問的是中國的宗教倫理對於明清的商人階層有沒有發生影響？如果有影響的話，其影響究竟採取何種具體的方式？我是研究歷史的人，這篇文章也是史學的作品。我所討論的宗教的「入世轉向」、「儒家倫理的新發展」、「中國商人的精神」各端都是從中國史料內部整理出來的歷史線索。我的觀察未必無誤，但其正誤應該從史料的整理和解釋是否恰當這些標準來判定。事實上，我根本不接受「中國為什麼沒有發生資本主義」這樣空泛的命題。所以「資本主義萌芽」之說也不是我所能承認的。我不是韋伯專家，對於《新教倫理》一書在他的全部系統中應該怎樣定位的問題，只能存而不論。柏森斯對韋伯的誤解達到了什麼程度？今天的新解又是否可以「俟諸百世而不惑」？這些問題都只有精治德文原典的專家才配爭論。我更不敢妄置一詞。而且無論專家之間的結論是什麼，似乎都和我的中國史研究風馬牛不相及。我隨文涉及韋伯之處大致僅以他對中國宗教與思想的誤解為限。順着韋伯《中國宗教》的脈絡，我對新教倫理和儒家倫理之間的異同有所辯難。但這是為了澄清韋伯關於中國文化傳統的誤解而不得不然，並不是對新教與儒家強為比附。此中並未涉及韋伯的「理論架構」，更何來柏森斯的「理論架構」？事實上，我的主旨並不是建立在新教與儒家對比的基礎之上。把其中一切與新教有關的觀念和材料抽去之後，我的歷史論斷也不會因之而有所動搖，其正誤仍只能根據我對於史料的整理和解釋是否恰當來判定：我個人一向是從史學的觀點研究中國傳統的動態，因此不但要觀察它循着什麼具體途徑而變動，而且希望儘可能地窮盡這些變動的歷史曲折。依我的偏見，這是展示中國文化傳統的獨特面貌的一個最可靠的途徑。我雖然也偶而引用西方的理論和事實以為參證比較之資，但其目的只是為了增加說明上的方便，決非為了證實或否證任何一個流行的學說。因此這次我所取於韋伯命題的也僅限於它所涵蘊的一般意義，即價值取向和經濟行為之間的關聯在中國史上是以何種特殊的形態出現的。至於我的研究成果對於韋伯命題本身是否可能投射任何理論的意義則根本不是我所關注的問題。我覺得這是另一個不同學術領域內的問題，在中國史專業上則處於無足輕重的邊緣地位。史學研究以求得具體的歷史知識為第一義，不是專為其他領域內的人提供抽象談論的資料的。如果上引作者的評論真是針對我的文字而發，他的誤解也許是起於我們之間的學術觀點的分歧。因為我的興趣不過是從事史學專業的工作，而作者所全神貫注的則似乎是怎樣去發展一套「辭彙」和「文法」以便與「國際學壇的高人進行對話」。這似乎正是該文所反覆強調的一個論點。

由於作者所描述的看法和我的原文在實質上毫無共同之處，因此我又不敢相信他說的「不少儒學從業員」包括我在內。但是我在撰寫上述專論的時期，曾經努力尋找與我的論旨相關的現代文獻，其結果是相當失望的。作者若不指我而言，那麼我想知道：此外還有那些「儒學從業員」也曾化了九牛二虎之力來證明新教倫理與中國「工作倫理」之間的相近性？

作者和我相識已久，也常有見面的機會。也許正因為彼此太熟了，他才不好意思和我當面商榷異同。我現在姑且假定他此文論「新教倫理」一節是由我的近作而引起。我很高興他地肯坦率而懇切地說出他的意見，尤其感謝他不「點名」的厚道。但是我卻必須對自己的知識良心負責，不能假裝看不見，更不願意接受他贈給我的一頂「柏森斯理論架構」的帽子。我寫這篇投書只是想說明他可能完全誤解了我的意思，而這種誤解在今天的學風之下也許還是不止他一人。作者在「新教倫理」一節中報導了韋伯學的新動向，這都是他近年來多次參加國際會議的收穫。其中最重要的當然是柏森斯對韋伯命題的解釋已受到嚴重的挑戰。（這大概是七十年代以來 de-Parsonizing Weber 運動的延續。）其次則是貝拉已改變了他關於宗教演化的見解。這些新發展對韋伯學專家誠然重要，但和我的研究並無「切己」的關係。古人說：「宇宙名物有切己者，雖銖錙不遺，不切己者雖泰山不顧。」因為「新教倫理」的命題，無論取何種解釋，對於我的原文都不過是一個「引子」或「楔子」

而已。過此以往，正文即進入中國史研究的範圍。我既未接受柏森斯「業已破產的單元現代化學說」（作者似乎應該考慮一下，這樣刻劃柏森斯的學說是否過於簡單而粗暴），也沒有採取貝拉關於宗教演化的中心論旨。我引及貝拉之文只是指出他也不得不承認儒、道、佛、伊斯蘭等宗教同樣有過「類似的改革運動」那種「早期近代」(early modern) 的階段而已。我並未接受他所謂只有基督新教才最具代表性的論斷。相反地，我曾着重地指出，即使依照他所訂的標準，中國的禪宗革命也足以當「早期近代」型的宗教而無愧色。所不同者，中國宗教傳統是「內在超越」型，西方則走「外在超越」之路。作者說：「每一個傳統都有其現代前的階段」。我的原文主旨之一即在說明中國宗教自有其「早期近代」的階段，這是在題目上已標明了的。作者不但沒有適當地對待我的論文，即於貝拉之文也談得不仔細。他所用「現代前」(premodern) 一詞在貝拉原文中明明是「早期近代」。這兩個概念在貝拉原文中相去甚遠，任意改換是不太妥當的。

作者似乎專注意拙文中的「引子」或「楔子」，而於正文所分析的歷史曲折或許不感興趣，因此才誤將一篇具體的史學研究看成抽象的韋伯學討論。作者應該知道得很清楚，我有什麼資格能在韋伯學上發言呢？事實上，我在中國思想史研究中所偶然引用的西方的觀念都只有緣助性的作用。我的立足點永遠是中國傳統及其原始典籍內部中所呈現的脈絡，而不是任何外來的「理論架構」。嚴格地說沒有任何一種西方的理論或方法可以現成地套用在中國史的具體研究上面。所以我希望讀者的眼光不要放錯了地方。例如正在貴刊連載的〈漢代循吏與文化傳播〉一文，其中也引及 Robert Redfield 的大、小傳統和 Peter Burke 的通俗文化等論點。這些都和韋伯的新教倫理一樣，在我的研究中居於緣助的地位，其目的僅在於使不熟悉中國學術傳統的讀者也可以大致瞭解此文所討論的問題在現代學術系統中究屬何種性質。如果有人因此而和我大談大、小傳統或通俗文化的理論，並告訴我今天人類學、社會學、年鑑派史學已經怎樣修正或推翻了這些舊說，我雖然感謝他的熱心，但終不免會覺得啼笑皆非。何況人文、社會科學畢竟和自然科學不同，新說未必全是而舊說亦未必盡非，不經過較長期的時間考驗是不好輕下斷語的。其所以有此不同，原因自然很複雜。其中之一便是人文、社會科學的領域最易受到意識型態的侵蝕。有些新說是受「時代思潮」——其實即是意識型態——的影響而興起的。我個人始終相信學術思想和意識型態之間存在着一道界線，雖然這個界線並不容易劃清。只有時間才是最後的法庭。柏森斯學派的興起和衰落都和西方的意識型態的流變有關係。不過如果這一派的學術工作中還有經得起時間考驗的成份，「時代思潮」終不能把它永久淹沒掉：至少其中屬於學術思想的部份還是會重新擡頭的。事實上，如果我們不承認學術思想和意識型態之間存有界線，則傳統兩字便根本無從說起。試問「五四」的思潮早已「打倒孔家店」了，今天我們還有什麼理由再來為儒家傳統扶輪？

最後，我必須鄭重說明，這篇投書寫得很認真，但是絕沒有夾雜着半點個人的意氣。我絕不是因為作者的筆觸偶然輕微地掃到了我的一篇近作（而且還可能是出於我的誤會），便作出過度反應。這篇投書雖由作者引起，但是其中所涉及的問題則與今天中國人文學術的普遍風氣似乎也不無關係。所以我既不僅僅是為自己辨誣，更不是和作者之間有什麼個人的爭執。相反地，我自覺這樣做正是出於對學術的尊重，同時也是表示對作者的意見的重視。

余英時一九八六年十月十七日

實證與詮釋

——《方以智晚節考》增訂版自序

《方以智晚節考》初版刊於一九七二年。十四年來有關密之生平之新史料層出不窮，每睹有可以是正原書之疏誤者輒記而存之。積久則連綴成篇，以補前愆，先後共得三篇，凡七萬言，幾與舊考相埒。傳世文獻之與密之晚節最有關係者大約已止於此，故此一問題之研究已可告一段落。茲彙合新得舊考於一編，勒為定本。至舊考之誤則不加改正，以見先後論斷因資料不同而變遷之過程。又舊本附錄收有「晚年詩文輯逸」與「重要參考資料」兩項，約兩萬言。新版「附錄」部分增添不止兩倍。《青原山志略》中保存密之晚年詩文語錄逾兩萬字，余皆一一輯出，以備研治密之思想者之參考。《志略》在中國大陸或非難得之書，然在海外頗不易覯。以余所知，僅巴黎與美國普林斯頓各藏一本而已。「重要參考資料」項內增補方中通《陪詩》選抄六十五首，多附有自註，皆有關密之晚節之第一手資料，最為可貴。此一部分材料乃汪世清先生由孤本中恭楷錄出。去年六月間汪先生遊美，承以影印本三十二頁相贈，至可感也。又初版附錄詩文皆未經細校，不免訛誤。此次增訂余曾通體校閱數過，並施以現代標點，所費日力不少。密之文字不易通讀，故斷句不能必保無誤，但期少誤而已。讀者若加引用，尚須仔細斟酌也。

《晚節考》初版雖疏略，亦稍有創闢之功。近數年來大陸學人考論密之晚年事跡者皆以此書為諍議之對象，而尤集矢於「死節考」一節。蓋余初考密之自沉惶恐灘事，雖頗闡幽抉微，而苦無顯證，則宜乎啟人之疑竇也。此案經往返辯難，其讞終定。然定案之功則絕非余所敢獨擅也。倘非大陸學人搜羅文獻之勤與夫質疑獻難之勇，余又烏從而得見如許佳證乎？學術進步必不能無諍議，即此可見。

余考密之晚節先後十有餘年，於死節一端且論之至再至三，必窮其原委而後已。然余非有所謂考據癖也，亦非僅為密之個人爭名節也。蓋余筆下所及雖限於一人之事，而目光所注則在明清之際文化動態之整體。密之死於病抑死於自沉，在彼個人生命史上固屬大事，在文化史上則關係尤為重大。以明遺民而言，密之自沉惶恐灘乃一具有典型意義之事件，故於當時士大夫文化中之價值觀念、道德意識、政治信仰、以至家族倫理皆一一有所昭示。涂爾幹 (Emile Durkheim)《論自殺》(*Suicide: A Study in Sociology*)，視之為「個人良知」之呈露，並推斷其淵源於社會之「集體良知」。密之自沉亦未嘗不可本是觀之。且論文化之類型，未有不首先着眼於「生」與「死」者也。欲識某一文化之特性，吾人不僅當知該文化中人如何生，而尤當知其如何死。佛洛伊德 (Freud) 謂人皆有祈死之本能，其說信否不可知，然自殺為祈死之具體表現，則斷無可疑也。故今人研究比較文化者亦往往視自殺為其中一要目。自殺因文化而異，其方式與頻率，西歐、日本、印度皆各有不同，而西歐又復有天主教地區與新教地區之異焉。涂氏分疏自殺，特設「為人」(altruistic suicide) 之一型，以與「為己」(egoistic) 型者對舉。「為人」而自殺者，非以一死求個人之解脫，而在盡人生之本分 (duty)，如孟子所謂「捨生取義」也。然涂氏殆以此型為東方及初民社會所常見，故所舉之例尤以印度與日本為主，至於西方國家，則唯軍人中稍有其例。中國之「殉節」適可歸之涂氏所謂「為人」之一類，密之之自沉即其典型也。涂氏依自殺之外在形式而分類亦僅足示其大概而已。同屬「為人」之型焉，民族殊而方式亦異，斯又與文化系統有關，而宗教背景更不可忽，涂氏灼見固早已及此矣。中國之殉節在東方文化中別具特色，與日本、印度亦復異趣。明清之際尤為中國史上殉節現象最為突出之時代，當時公私記錄所載自殺殉節之事跡曷可勝數。以今視昔，殉節之價值判斷誠不免將因人而異。但若取比較文化之觀點以剖析之，則其事在十七世紀中國文化史與思想史上實居於最核心之地位。此書辨析密之自沉，辭繁不殺，微旨所存，端在於是，非欲持考證與時賢爭刀錐之末也。

以考證方法言，本書重點亦略有與傳統不同之處。清代以來之正統考證大抵以西方所謂實證方法為主體。此蓋與所考之對象有關。典章、文物、制度、事跡、年代之類皆歷史之外在事象也。故必待證據堅明而後定讞。本書所考者，則古人之心也，柯靈烏 (R. G. Collingwood) 所謂史事之「內在面」或「思想過程」(process of thought) 也。夫古人往矣，九原不作，吾人復何從而窺見其心事乎？即自謂見之，又何以取信於他人乎？雖然，古語有之，「言為心聲」，苟善解古人之言，則古人之心亦未嘗不可見。此則近於西方所謂詮釋方法矣。關於詮釋之理論與方法，近年來西方流派雖繁，然亦頗有悠謬恣肆之說，可喜而未必皆可用也。實則中國之詮釋傳統源遠流長，孟子已啟其端，故曰：「說詩者，不以文害辭，不以辭害志。以意逆志，是為得之。」故吾人今日引西說為參證，可也，若拋卻自家無盡藏而效貧兒之沿門托鉢，則未見其可也。此書所用詮釋之法則一依中土之舊傳。昔朱子為《韓文考異》、《楚辭集注》，即由古人之「言」以通其「心」於千百年之上；既得其「心」焉，又轉據之以定其「言」之真偽。此亦考證之一道也。蓋西方實證與詮釋出於二源，常互為排斥；中國則不然，二者同在考證傳統之內而相輔相成焉。乾、嘉考據家之至精卓者亦往往視所考之對象不同而二法互施。段懋堂論《琵琶引》「嗚咽流泉冰下難」之句，即捨實證而取詮釋之一例也。

唯余考密之晚節尚別有一重困難而為通常考證之所無者，即隱語系統之破解是已。以隱語傳心曲，其風莫盛於明末清初。蓋易代之際極多可歌可泣之事，勝國遺民既不忍隱沒其實，又不敢直道其事，方中履所謂「諱忌而不敢語，語焉而不敢詳」者，是也。物不得其平而又不能鳴，其聲迴盪曲折，於是隱語之系統出焉。錢牧齋、吳梅村之詩向來號稱難解，其故在此。顧亭林在諸遺老中最為直筆，顧其詩中以韻目代字者亦往往而有。故考證遺民事跡者非破解隱語不為功。此又為詮釋學中一特殊法門，西方亦有之，即所謂「譯解暗碼」(decoding) 也。然清初遺民之隱語方式，因人因事而異，系統各別且與當時史事與古典傳統皆密切相關，故又非憑空逞臆所能通解，惟有實證與詮釋參伍以求、交互為用，庶幾有以知古人之言，而見古人之心耳。陳寅恪先生撰《柳如是別傳》，即溶實證與詮釋於一爐而卓着成效者也。余初考密之晚節時雖未見其書，然拙工之斧斲亦竟有合於公輸之準繩，私心頗用自壯。其後余以偶然因緣，而有《陳寅恪晚年詩文釋證》之作，即以陳先生之法還讀陳先生之詩文，乃益信實證與詮釋殆如兩束蘆葦之相倚不倒。故以方法論而言，《晚節考》與《詩文釋證》兩書實有內在之一貫性，實證與詮釋雖同在中國考證傳統之內，然古人分用之者多，兼採之者少，故其效亦終未大顯。此殆因昔人考證所施之對象有異耳。

嘗試論之，史者、知人論世之學也。今人於論世之義知之甚審，而於知人之義則多忽之。此時代風氣使然也。然亦未有不知人而真能論世者，更未有不知其心而真能知其人者。此於治思想史為尤然。今之西方史學界有一派焉，欲驅除一切個人於歷史之外；詮釋學界亦有一派焉，欲驅除作者原意於其作品之外。此皆非余之所敢知。余孤陋，治思想史仍守知人論世之舊義而不欲墮於一偏。論世必尚外在之客觀，故實證之法為不可廢；知人必重內在之主觀，故詮釋之法亦不可少。然此不過理論上之強為分別耳。以言思想史之實際研究，則實際與詮釋固不可須臾離者也。何以故？內外合一、主客交融即思惟之所由起也；使內外不合、主客不交，則思惟之道絕矣，更何思想史之可言乎？

《方以智晚節考》與《陳寅恪晚年詩文釋證》皆考證之書，然其旨則有超乎一人一事之考證以外者，蓋亦欲觀微知着，藉「個人良知」以察「集體良知」也。「考證」、「箋釋」雖皆屬傳統文史研究之體製，若善盡其變，則亦未嘗不能與時俱新，以供今之研治文化史與思想史者之驅遣。茲值兩書同時增訂重刊，故略道其旨趣與途轍，以示注新酒於舊瓶之微意云爾。

一九八六年十月十日余英時序於美國康州橋鄉

《中國思想傳統的現代詮釋》自序

本書選收了我在最近五年中（一九八二——一九八六）所寫的十篇論文。因為這十篇論文都是闡釋中國思想傳統的，所以定名為《中國思想傳統的現代詮釋》。這十篇論文都曾先後在各種專書、或期刊中發表過，這次彙集成册，我又作了一些必要的修改和補充。

本書可以分為兩個部分：前三篇屬於通論性質；我在這一部分提出了關於中國思想傳統的一些整體性的觀察。後七篇則是斷代的專題研究或個案研究，但是我同時也企圖藉着這些專題或個案來說明整個思想的傳統。因此這兩部分是互相照應，互相補充的。

本書所用「思想」一詞，取義甚廣，既指具有嚴格系統的哲學思想，也包括散播在各社會階層之間的通俗思想。我的基本立場是儘量把中國的思想傳統和它淵源所自的價值系統與生活方式緊密地綰合在一起。中國的價值系統和生活方式是在長期的歷史演變過程中逐漸形成的；思想傳統也是同一歷史過程的產品。因此在本書中，思想史、文化史、和社會史之間存在着交光互影的關係，不能清楚地劃分界線。中國的思想傳統必須安置在它的文化脈絡之中才能獲得比較全面的理解。本書所收諸篇雖然都是獨立的論文，並且各有主題，但其中也貫穿了一條共同的線索，即試圖從不同的時代、不同的問題和不同的層次來尋找中國思想傳統的特色。中國思想的特色自然也就是中國文化的特色，不過表現得更為集中、更為突出而已。「特色」必然是從比較中得來的；我們祇有用其他不同系統的文化和思想與中國的傳統相對照、相比較才能看得清後者究竟具有什麼「特色」。以中國思想史而論，儒教的「特色」也是在釋、道兩家（尤其是釋氏）的強烈對照之下才充分地顯露出來的。宋明的新儒家如朱熹和王守仁在重新闡明「吾儒」的基本立場時便處處取釋氏之異於「吾儒」者以為對比。本書論中國思想的特色也採取了一種比較的觀點。大體上說，我是以我所能理解的西方文化和思想為根據，以說明我所能見到的中國思想傳統的特色。這裏特別用「我所能理解」和「我所能見到」的兩個形容詞，並不是故作謙語。中西文化和思想都是「至大無外」的研究領域，我個人的識解和視野則是極其有限的。我在本書中提了一些自覺可以心安理得的看法，但是我絕不認為這些看法是最後的「定論」，更不認為中國思想傳統的特色已盡於此。我完全承認，其他人從不同的觀點出發必然會獲得不同的看法，並且同樣足以加深我們對中西思想異同的瞭解。

下文我祇想對兩個比較重要的論點，稍作說明。第一、本書所收的文字，無論是通論或專題，都已儘量融會了前人的研究成果。對於具有代表性的見解，尤其不敢輕忽。現代學術是在不斷溝通和對話中發展出來的，「閉門造車」的時代基本上已經過去了。受過現代學術訓練的人誰也不能只顧獨白而完全不理會和自己相異的論點。但是為了避免行文枝蔓及引起不必要的爭論，本書的通論部分有時並未一一注明立論的根據。第一篇〈從價值系統看中國文化的現代意義〉尤其如此。這篇文字是根據一次公開演講的紀錄而寫成的，因此自始便未採用學院論著的形式。熟悉中國近代思想史的讀者當不難看出此文立論的背景和發議的對象。事實上，在定稿的過程中，我對於「五四」以來有關中西文化之辨的種種論點都曾反覆地斟酌過。但是此文雖參考了前人的論點，整體的解釋架構則是重新建造的。

大體言之，此文基本上採取了史學的而不是哲學的觀點，其中所偶然沿用的少數哲學概念（如「內在超越」）也已重新賦予歷史的解釋，具有較為確定的經驗內容。讀者如果同時參考本書所收的專題研究和我的其他相關論著，便不致發生觀念上的混淆。

又此文原是一九八三年《中國時報》主辦的「中國文化與現代生活」演講系列的一篇總結。由於受到「因事命篇」的限制，此文的焦距集中在傳統與現代的可能接榫點上，因此其觀察的角度是特殊的，並不代表我對於中國文化的全面意見，特別是具有批判性的意見。此文曾由時報文化公司於一九八四年印成單行本，流傳較廣，引起的討論也較多。甚至中國大陸上也一再有人予以評介。（據我所知，《書林》一九八六年六月號和《讀書》一九八六年九月號都有專文討論。）但評者多專就此一文立論，不曾參證我的其他論文，理解不免陷於片面。所以我覺得有在此特別說明的必要，並感謝時報文化公司允許我將此文收入本書。

第二、由於對照和比較的需要，本書所收諸篇都曾或多或少地涉及與題旨有關的西方觀念和學說。這一點也可能會引起誤解。我在前面已經指出，宋明的新儒家曾通過佛教的概念和分析方式以彰顯儒學的特性。今天我們對中國的思想傳統進行現代的詮釋自然不能不援引西方的概念和分析方式。理由很簡單：現代詮釋的要求即直接起於西方思想的挑戰，這和宋明新儒學之起於對佛教的回應基本上是相類似的。

但現代詮釋和宋明新儒學的歷史背景則大不相同。宋明新儒家發議的主要對象是禪宗，而禪宗則已是中國化的佛教。在禪宗出現之前，印度原始佛教和中國傳統思想之間早已經歷了幾百年的「格義」階段。「格義」始於比敷而終於融合，始於求表面之「同」而終見實質之「異」。禪宗一方面把儒、道兩家中的某些精神因子和佛教的理論融合起來了；但另一方面又把儒釋之間的界線劃分得更清楚了。我在《中國近世宗教倫理與商人精神》中曾指出智圓（九七六——一〇二二）有「儒者飾身之教，釋者修心之教」的判劃，以外在的「身」屬之儒家，而以內在的「心」歸之釋氏。事實上，這正是長期「格義」所達到的最後境界。早在唐代，禪宗已用這一標準來強調儒釋的互為表裏。例如張彥遠在咸通二年（八六一）所撰的〈三祖大師碑陰記〉中說：「夫禀儒道以理身理人，奉釋氏以修心修性，其揆一也。」（《全唐文》卷七九〇）可見至少在語言層面上佛教已本土化了。宋代新儒家在這個基礎上重建「心性之學」，一般人不易察覺他們所運用的概念和分析方式是源於佛教的。他們之間往往以「禪」相譏，也許正是因為彼此都深知對方的底蘊。不過在今天看來，概念和分析方式主要是技術層面的事。新儒家雖然在這一層面上假途於佛教，卻並沒有用佛教的理論或觀點取代儒家傳統的舊義。相反地，他們通過已經本土化了的佛教概念和分析方式，把儒家傳統中引而未發的「心性之學」全面地建立了起來，因而豐富了並更新了這個傳統。我在《中國近世宗教倫理與商人精神》第二節中曾特別針對這一點提出了初步的看法。

現代詮釋則缺乏一個長期的「格義」階段。一方面，西方思想的複雜性已遠非佛教所能相提並論；另一方面，西方的概念和分析方式在沒有來得及本土化之前便已席捲了中國的學術思想界。因此現代中國學人用西方的概念和分析方式研究自己的思想傳統時往往不免流為牽強附會和生搬硬套。其中最重要的一個癥結，便在於他們不但在語言和技術層面上接受了西方的概念和分析方式，而且不少人還毫不遲疑地視西方的理論和觀點為具有普遍性的真理，可以直接用來詮釋中國的思想傳統。其典型的表現便是把中國傳統看作材料而安置在西方的理論模式之中。當然，西方的論理很多，彼此之間又有嚴重的衝突，因此中國學人在運用不同的理論模式時也有或精或粗的程度之別。但是最粗暴的則是馬克思主義者對中國思想史所進行的公式化的處理。關於這一點，今天大陸上的學者也已經公認不諱了。

現代詮釋已不可能避開西方的概念和分析方式了，甚至也無法完全不涉及西方的理論。但是我們仍有必要在實踐中儘量把西方的概念和分析方式與西方的理論加以區別。這裏所謂西方的理論當然是指那些解釋西方文化和思想傳統的理論。西方的概念和分析方式是相應於西方傳統中的特殊現象而發展出來的；兩者之間自有內在的關聯。但是各大思想傳統之間的異趨畢竟不能完全抹煞它們仍有許多共同的地方。例如一般人都相信西方思想傳統中以知識論最顯其特色，因而為西方的科學提供了理論的根據。對照之下，中國思想傳統中的知識論意識則相當薄弱，這也許是中國科學不發達的原因之一。讓我們姑且接受這一論斷，不作進一步的追究。但是接受這一論斷並不足以否定中國思想傳統中也有相當於西方「知識論」或「科學」的現象，因此西方有關「知識論」、「科學」的語言、概念、以及分析方式也未嘗不能處理這一類的現象，儘管它們在中國思想傳統中不佔主流的地位。事實上，「知識論」、「科學」本身即是西方的概念，而且早已用在中國學術思想史的研究上面了。然而西方關於「知識論」或「科學」的種種理論則不能直接用以闡明中國的思想傳統。這是因為這些理論的具體內容是建築在西方特殊的經驗之上的，與中國傳統相差過遠。任何以西方現成的理論直接套用在中國經驗之上的努力都不免要流為削足適履。西方哲學中「唯心論」與「唯物論」或「理性主義」與「經驗主義」這一類的二分法，不但不能說明中國的思想傳統，而且必然會造成理解上的混亂。此中的關鍵是在於中國思想史上自始便沒有「心」和「物」兩分的預設，知識論的意識既不發達，知識究竟源於「理性」還是「經驗」也從來沒有成為中國思想史上的中心問題。我們強調現代詮釋必須儘量把西方的理論和西方的概念及分析方式加以區別，其道理是很明白的。這便是說，西方繡成的鴛鴦固然值得借鑑，但更重要的則是取得西方人繡鴛鴦的針法。前面所說的宋代新儒家的成就便已充分地證明了：針法和繡成的鴛鴦確是可以分開的。他們上承數百年佛教中國化的歷史趨勢，終於成功地吸收了這一精微艱深的外來思想系統，從而更新了儒學的傳統。讓我們試舉一例。沈曾植（一八五一——一九二二）曾指出，陸象山所悟之道即是「太極」，極似華嚴法界觀；他自言其為學得力處在「智識」或「靈識」，顯然是佛教的觀念；至於他指點人時始終不肯說破、不肯指實，則更是禪家所謂「宗門作用」。但他最後的學術歸宿仍在儒門。（見《海日樓札叢》卷四〈象山從宇宙二字悟道〉條）沈氏雖以史地考證著稱，然而他早年潛心宋儒義理之學，中歲以後則精治佛典。因此他的觀察是值得我們參考的。無論我們是否完全接受他的論斷，這個具體的例子至少可以使我們看見，新儒學是通過什麼途徑來運用佛教的概念和分析方式的。在這一方面，宋代新儒家的業績對於現代詮釋是非常富於啟示性的。

上面這一段討論主要是為了說明西方的概念和理論在現代詮釋中的效用及其限度。中國的思想傳統今天必須通過現代詮釋才能在世界配景中顯出它的文化特色。前面已指出，在這一詮釋的過程中，我們已不可能避開西方的概念，正如宋代新儒家無法不借用佛教的概念一樣。但是現代詮釋如果希望取得和宋代新儒學相同的成就，西方的概念和分析方式最後必須能和中國思想傳統融化成一體，而不是出之以安排牽湊。這正是宋代理學家所再三強調的「莫安排」之教。現代詮釋尤其必須避免把中國的思想安排在任何西方現成的理論之中，因為那樣做不但無從彰顯中國傳統的特色，而且是適得其反，把它和西方傳統的相異之處完全抹煞了。本書涉及西方的概念和學說主要都是為了通過現代詮釋以說明中國思想的獨特系統。這裏面，並不含蘊着一絲一毫「西天取經」（「向西方尋找真理」）的意思。我最近在另一篇文字中曾說：

> 我個人一向是從史學的觀點研究中國傳統的動態，因此不但要觀察它循着什麼具體途徑而變動，而且希望儘可能地窮盡這些變動的歷史曲折。依我的偏見，這是展示中國文化傳統的獨特面貌的一個最可靠的途徑。我雖然也偶而引用西方的理論和事實以為參證比較之資，但其目的祇是為了增加說明上的方便，決非為了證實或否證任何一個流行的學說。

我又說：

事實上，我在中國思想史研究中所偶然引用的西方的觀念都只有緣助性的作用。我的立足點永遠是中國傳統及其原始典籍內部中所呈現的脈絡，而不是任何外來的「理論架構」。嚴格地說沒有任何一種西方的理論或方法可以現成地套用在中國史的具體研究上面。所以我希望讀者的眼光不要放錯了地方。（均見〈關於「新教倫理」與儒學研究〉一文，刊於《九州學刊》第一卷第二期，一九八六年十二月）

以上這兩段話對於本書是完全適用的。但是我必須補充一句，這些話僅在揭出我自己對於現代詮釋所懸的標準，決不表示本書所收的論文已經符合了這個標準。中西觀念的「格義」、西方概念的「本土化」和現代詮釋這三層工作今天都必須在同一階段中「畢其功於一役」，這自然是比宋代新儒學的重建更為艱巨的歷史事業。如果本書能在這一大事業的建設過程中提供一磚一石之助，那麼它的出版便不算完全浪費紙張了。

一九八七年二月十二日序於美國康州之橘鄉

「明明直照吾家路」

——《陳寅恪晚年詩文釋證》新版自序

《陳寅恪晚年詩文釋證》初版刊於一九八四年。自出版以來，這部書曾引起了不少討論和爭辯，因此在過去兩年中我又續寫了好幾篇文字，補釋了以前未及考證的詩文。現在我選出其中四篇，收入新版，篇幅比初版差不多增加了一倍。初版中所存在的若干錯誤和疏漏也趁着再版的機會得到了修正和補充。但原來的論旨不但沒有改變，反而因此更加強和更深入了。

新增的四篇文字是〈陳寅恪晚年心境新證〉、〈古典與今典之間〉、〈著書今與理煩寃〉和〈弦箭文章那日休〉。第一篇曾先後刊載於香港《明報月刊》和臺北《中國時報》的人間副刊上。第二、第四篇僅發表於《明報月刊》，第三篇則單獨出現在人間副刊。這次彙集重印，各篇文字也略有改動。

這幾篇新增的文字主要是為了答復中共官方學術界代言人「馮衣北」而寫成的。最近我看到一份大陸出版的新書預告，才知道「馮衣北」也已將他的商榷文字收集了起來，將在一九八七年一月由廣州人民出版社正式發行單行本。預告上並說該書將附入我的原文，以資對照。這件事頗使我感到意外。「馮衣北」和廣州人民出版社並沒有事先徵得我的同意，因此我也不知道他們選收了那幾篇，以及是否有所刪節。時報文化出版公司恰在此時為本書印行增訂新版，真可謂機緣巧合了。

最近有幾位大陸訪美的學人曾先後對我表示，「馮衣北」不值得理會，勸我不必把這種政治表態的文字看得太認真。我承認這個看法有道理，但我仍然覺得不應完全緘默。其原因正在於「馮衣北」不是某一個人，而是中共官方學術界某一部門的「代號」。我從明報月刊社方面獲悉，「馮衣北」的兩篇「商榷」文字都是由新華社轉交的。其中一篇且在北京、廣州、香港之間週流了半年以上，原因是原文詞語極不客氣，《明報月刊》堅持要修改。所以我現在很想看看明年廣州出版的「馮衣北」原作究竟說些什麼。據我所知，這次「馮衣北」的反擊是由北京某一學術機構發號施令的，但主要執筆人似在廣州，大概是陳先生晚年的及門弟子。不過我一直有一種直感，認為這位執筆者本人對我毫無惡意，他寫這些「弦箭文章」也不是出於本心。事實上，「馮衣北」三個字已給我們提供了線索。「馮」即是「憑」，如「馮馮翼翼」、「左馮翊」中之「馮」。所以「馮衣北」者憑依北京也。這是作者告訴我，他寫這些文字完全是依照北京的指示辦事。執筆人既曾受業於陳先生，他當然也有相當程度的古典文學的修養。因此，「馮衣北」三個字的古典根據也許是出於古詩「胡馬依北風，越鳥巢南枝」。「胡」與「馬」則可能暗示作者的姓氏。更可能作者姓「胡」並自稱是「馬」克思主義者。如果所測不誤，這顯然是繼承了陳先生「暗碼系統」的衣鉢。當然，我這次的「索隱」將永遠得不到證實，因為執筆人是決不會公開承認的。無論如何，「馮衣北」給我提供了好幾條有關陳先生晚年的重要資料，特別是「六億人民齊躍進，十年國慶共歡騰」那幅歇後語的門聯。不論是出於無心還是有意，在客觀上他確是幫了我的大忙。我願意在此對他表示謝意。此外我也要感謝友人汪榮祖先生；他的質疑問難使我有機會更深入地研究陳先生的晚年詩文。我們之間的爭論並不是最重要的事情；孰是孰非，只有讓時間來判定。

＊　＊　＊　＊

中共官方學術界對此書的敵愾完全是出於狹隘的黨派觀點；也許是為了顧全顏面，他們一定要堅持一種說法，即陳先生至少一度向中央政權認同過，那怕這個「一度」只延續了「一剎那」那麼短暫也沒有關係。然而這在事實上是辦不到的。我確實不理解中共何以在全無劫材的情況下必爭此無關全局死活的小劫。陳先生在中共政權下生活了二十年；這二十年的歷史將來的史家自有公平的論斷，現在還不是定案的時候。如果毛澤東真是周武王，陳先生也不過是伯夷、叔齊之流的人物。何以中共竟不能容一「舉世非之，力行而不惑」之人？如果毛澤東真是桀、紂，中共今天正在「幹父之蠱」，為什麼不肯還陳先生以本來面目，而竟如此悍然不顧一切地「欲改衰翁成姹女」？

無論別人相信不相信，我都要再重複聲明一次：我這本書在政治上只有歷史的意義而無現實的意義。我無法在書中避開政治，是因為受到了陳先生的詩文本身的內在限制。但是陳先生雖涉及政治，卻並未陷入政治；他基本上是從文化的觀點對現實政治施以最猛烈的批判的。蓋棺定論，他是一個廣義的「文化遺民」，而不是狹義的「政治遺民」。

如果我這本書還值得擴大再版，以廣流傳，它的意義決不在其中所涉及的政治恩怨。隨着時間的推移，這些具體的政治恩怨都將逐漸褪色，直到變得完全無足輕重為止。這本書的主要用意是通過對陳先生著作的較深入的疏解，以瞭解中國的文化傳統和學術傳統。由於我的重點是在「瞭解」而不在「評價」，所以我一再強調我個人對他的文化反應十分「同情」，而未必完全「同意」。但是我在此書中並不進一步說明我在那些地方「同意」他，又在那些地方「不同意」他。因為那是屬於「評價」的範圍，在學術研究上是沒有意義的。文化不是掛在嘴上的空洞口號，而是體現在個人的全部言行之中的。現代人類學研究文化的方法比較注重從一個社羣的集體言行來觀察它的價值系統。但是歷史學也可通過個別的代表人物的具體表現來研究某一文化，特別是在這個文化面臨着遽烈變動的時代。陳先生的《元白詩箋證稿》和《柳如是別傳》已為我們提供了成功的範例。孔子說：「視其所以，觀其所由，察其所安。人焉廋哉？人焉廋哉？」這便是從個人的言行觀察他所體現的文化價值的最好方法。陳先生身上真正體現了傳統文化中許多中心的價值，這是大家所有目共覩的。正如他說王國維一樣，他自己也是一個「中國文化精神所凝聚之人」。他生在中國文化變動最劇烈的時代，而且深知這個變動是不可避免的。但是他面對「當世之巨變」，既不是一味抗拒，也不是盲目擁抱。從知識分子的立場說，他畢生所特別強調的「獨立之精神，自由之思想」便已打通了傳統與現代之間的隔閡。「獨立之精神，自由之思想」是現代知識分子的特徵，但在中國士的傳統中也有其根源，不過不够徹底而已。在「獨立之精神，自由之思想」的前提下，他毋寧是歡迎文化變遷的。因為唯有如此，中國文化才能通過長時期自覺而理性的抉擇，以求「一方面吸收輸入外來之學說，一方面不忘本來民族之地位」。陳先生不僅是一個「中國文化精神所凝聚之人」，而且又曾直接接觸過西方古典文化的本原，他在「五四」第一代知識分子中代表了保守和進步之外的另一典型。因此，他在最後二十年中國「刼盡變窮」之際的文化反應才特別值得我們深入地加以分析。

在他自己的研究領域內，陳先生也曾相當有效地把中國的人文學術從傳統帶進了現代。

一般地說，他的文史論著是中國的傳統學人和現代專家所都能相悅以解的。傳統學人能接受他，因為他的概念結構(conceptualization)是從中國文獻的內在脈絡中自然呈露出來的。這是他「舊學邃密」的一面。現代專家能欣賞他，則因為他所處理的問題完全是現代的。這又是他「新知深沉」的一面。更重要的是，在他所處的早期過渡的階段，這種「舊學」和「新知」的結合無論在精神上或形式上都順理成章，不見勉強牽湊的痕跡。讓我們舉一個比較突出的實例來作說明。他在《隋唐制度淵源略論稿．敘論》中說：

> 此書本為供初學讀史者參考而作，其體裁若與舊史附麗，則於事尤便，故分別事類，序次先後，約略參酌隋唐史志及通典、唐會要諸書，而稍為增省分合，庶幾不致盡易舊籍之規模，亦可表見新知之創獲，博識通人幸勿以童牛角馬見責也。

陳先生體裁上不肯「盡易舊籍之規模」便是因為他的概念結構是順着史料的內在脈絡發展出來的，而不是襲取任何西方觀念然後強加於史料之上的。但是這部書所分析的「淵源系統」及其流變則是嶄新的現代史學觀念。這正是他所說的「新知之創獲」。

我當然不是說陳先生是老一輩中國人文學者中唯一從傳統過渡到現代的人，更不是說他已完成了這個「過渡」的歷程。這個歷程一時是走不完的，我們今天也已不可能仍停留在他的階段。我祇是要用上引的一段文字來說明：陳先生確是企圖自覺地在人文學術方面創闢一條化傳統為現代的道路。然而這一創闢的嘗試在他的最後二十年的學術生涯中竟不幸耑然而止。他晚年的一切著作主要都是為了「紀念當日個人身世之感」而寫成的。「考評陳、范文新就，箋釋錢、楊體別裁」。「珍重承天井中水，人間唯此是安流」。這些詩句告訴我們：他的著述體裁改變了，《論再生緣》和《柳如是別傳》都不過是他個人的「所南心史」而已。這在現代中國學術史上真不能不說是一大悲劇！

儘管如此，陳先生的學術精神雖在晚年也絲毫沒有失去光輝，而且在某些方面還由於環境的逼迫而獲得更進一步的發揚。本書已有較詳細的討論，此處不贅。最後，我祇想極其概括地談一談陳先生的學術淵源及其在今天中國人文研究方面所可能發生的啟示作用。過去評論陳先生的治學途徑的人，有的說他上承乾嘉考證，有的說他融會中西，也有人說他「雖不唯物，然而辯證」。這些說法都各有根據、各有所見，不過從今天的理解來看，尚嫌不够明確。首先我要強調，陳先生考釋文史的方法雖然不可避免地受到西方學風的波動，但基本上是從中國傳統中發展出來的。他在這一方面也作出了化傳統為現代的貢獻。如果用我們今天熟悉的觀念來說明他的治學方法，我們可以說他是「實證」和「詮釋」參伍以求，交互為用的。「實證」是求取知識的常法，「詮釋」則是通解文獻涵意的竅門。這兩種方法在中國和西方都各有傳統，而源流則彼此不同。陳先生在德國留學很久，對西方「實證」與「詮釋」的兩大傳統至少都有過接觸。例如他在文獻考證方面可能受到蘭克(Ranke)一派史學的影響。這在當時有「科學的史學」之稱，是注重「實證」知識的。但另一方面，他強調「神遊冥想，與立說之古人，處於同一境界」的「真了解」，這又露出德國詮釋傳統中所謂Verstehen的痕跡了。然而我們細讀他的著作，他的「證」與「釋」的兩部分則顯然都是中國傳統的「推陳出新」。他在「實證」方面自然憑藉了乾嘉考據學的基礎，但他的「詮釋」也是「漢家故物」的現代發展。中國古人早就發現了「言不盡意」的道理。孟子便已說過：「說詩者，不以文害辭，不以辭害志，以意逆志，是為得之」。這一

「詮釋」傳統在中國不但一直沒有中斷過，並且在朱子手中更得到了各種層次的開展。特別值得注意的是：中國的「實證」與「詮釋」和西方的情況不同，二者不是互相對立、互相排斥的。相反地，它們是相反而又適相成的。朱子解經、注《楚辭》、考《韓文》都結合着「實證」與「詮釋」兩種成分。近人較重視朱子為考證開先河，但他在中國詮釋學上的貢獻則尚待我們作有系統的研究。我在別處曾初步討論到這個問題，這裏不能涉及。（見 Ying-shih Yü, "Morality and Knowledge in Chu Hsi's Philosophical System," in Wing-tsit Chan, ed., *Chu Hsi and Neo-Confucianism*, University of Hawaii Press, Honolulu, 1986）陳先生也和朱子一樣，把「實證」與「詮釋」有機地結合起來，加以靈活運用；我們根本不能分清何處是「證」，何處是「釋」。他的論著往往給人以層次複雜的深度感，其原因便在這裏。

最近二、三十年來，西方詮釋學的方法論有了新的進展，在哲學領域內甚至漸有與「實證」派分庭抗禮的趨勢。因此今天中國學人也已感染到這股新的風氣；其中似乎還有人希望「詮釋」可以取代「實證」，以便於我們重新理解中國的傳統。我可以武斷地說：抱有這種想法的人至少對中國學術傳統是缺乏認識的。今天西方詮釋學的理論紛繁，莫衷一是。

這些爭論在西方哲學、文學、和神學上孰是孰非，我完全沒有資格斷定。中國有詮釋傳統而沒有發展出系統的方法論，所以西方的討論確有足供參照的地方。例如伽德默 (Hans-Georg Gadamer) 所談的「預解」(preunderstanding)、「傳統」、「境界交融」(fusion of horizons) 之類觀念也大致可以說明中國的詮釋現象。但是伽德默否認我們有瞭解作者「本意」的任何可能，這便和中國的詮釋傳統大相逕庭。作者「本意」不易把捉，這是中國古人早已承認的。但是因為困難而完全放棄這種努力，甚至進而飾說「本意」根本無足輕重，這在中國傳統中無論如何是站不穩的。從孟子、司馬遷、朱熹，以至陳先生都注重如何遙接作者之心於千百年之上。通過「實證」與「詮釋」在不同層次上的交互為用，古人文字的「本意」在多數情形下是可以為後世之人所共見的。「本意」自有其歷史的客觀性，不因主客交融便消失不見；這在中國的人文傳統中是屢試而已驗的。陳先生研究庾信、杜甫、白居易、元稹以至錢謙益與柳如是都可以作證。所以就西方詮釋學中的「本意」問題而言，我是寧捨伽德默而取貝諦 (Emilio Betti) 和赫爾希 (E. D. Hirsch, Jr.) 的。由此可見，陳先生循着中國文獻的內在結構而開拓的新考證和新詮釋正為我們指出了一個明確的方向，使我們有可能更進一步把中國的人文學術從傳統轉化為現代。不識傳統而空言「現代轉化」是無濟於事的。概念結構（或概念化 conceptualization）確是現代人文學術的特徵之一，但是概念化並不等於硬套西方的理論和方法，這與現代化不等於西化是同一道理。陳先生的概念化來自中國的深厚傳統，因此才能反照這個傳統，使它重新發出現代的光芒。我想借朱子的一首詩來說明這種情況：

古鏡重磨要古方，眼明偏與日爭光，明明直照吾家路，莫指并州作故鄉。

這是陳先生的著述對我們的最大啟示。我們要珍重這一啟示，否則我們不但看不見回家的路，而且將無可避免地陷入「無端又渡桑乾水，卻認并州是故鄉」的困境。

一九八六年十月二十四日序於美國康州之橘鄉

附記

「馮衣北」的「商榷」最近已正式出版，題名《陳寅恪晚年詩文及其他》（廣州，花城出版社，一九八六年七月）。此書收入「馮」文兩篇，以大號字排，共四四頁，收入我的文字五篇，以小號字排印，共一六七頁，作為「附錄」。關於「馮衣北」的代表性問題，該作者最後在〈跋〉中說道：

區區一支禿筆，竟讓余先生產生「某個部門」的錯覺，則筆者倒真有點「受寵若驚」了。

特錄出以便讀者自作判斷。

「士魂商才」

——《中國近世宗教倫理與商人精神》日譯本自序

平凡社接受了島田虔次先生的建議，決定把《中國近世宗教倫理與商人精神》譯成日文出版。這件事給予我意外的喜悅和榮幸。我研究中國文化史和思想史已經三十多年了。這三十多年中，我一直受到日本漢學家著作的教益。讀者不難在本書中發現，如果沒有日本學者的豐富業績，這本小書是無法寫成的。所以我特別高興這部日譯本能呈現於日本學界之前，算作我的一種回報。

這本書主要是討論明清時代儒家思想和商人階層的興起之間的交互影響。這是以前研究中國思想史，或社會史的人所不很注意的一個方面。但是這個問題太大，不是這部小書所能講得清楚的。我的希望是在這一新的史學園地中做一點拓荒的工作。因此我期待着更多的史學家，特別是日本學者，來共同耕耘。我深信將來的收穫一定是很豐碩的。

我在本書中雖然強調了儒家倫理的重要作用，但是我所說的儒家是宋明以下的新儒家，其中已吸收了佛教的成分，特別是新禪宗的影響。宋明儒學建立了比較完整的心性論，因此也具有明顯的內傾性格。宋明心性論的最後根據當然是原始儒家的經典，特別是《論語》、《孟子》、《大學》和《中庸》。這部宋以後所謂《四書》都是在佛教進入中國以前撰成的，代表了中國本土的智慧。然而不可否認的，這一原始智慧的再發現和新發展是由新禪宗促成的。韓愈（七六八——八二四）受了新禪宗的啟示，因此才致力於重建儒家的道統。他和李翺（七七四——八三六）兩人共同提倡儒家關於心、性的學說。雖然他們（尤其是李翺）並沒有能夠完全擺脫掉佛教的觀點，但是他們的終極目的是要從佛教手中奪回儒家久已失去的陣地。因為從南北朝到隋唐這一長時期中，中國知識人大體上都相信儒家是祇管「治身」的，也就是「世間」的學問；而佛教則是「治心」的，也就是「出世」的學問。「出世」比「世間」更為根本。

但是韓、李兩人的努力在當時並沒有發生重要的影響。在他們死後不久，張彥遠在咸通二年（八六一）所撰的〈三祖大師碑陰記〉中說：

夫稟儒道以理身理人，奉釋氏以修心修性，其揆一也。（《全唐文》卷七九〇）

可見「身」屬儒家、「心性」屬釋家的兩分觀念還是很流行的。而且一直到北宋初期，情況依然未變。所以智圓（九七六——一〇二二）說：

儒者飾身之教，故謂之外典；釋者修心之教，故謂之內典也。（《閑居編》卷一九〈中庸子傳〉）

這是宋代新儒家轉向內傾的思想背景。明白了這一層關係，我們便不難看出，新儒家一方面固然成功地取代了新禪宗，另一方面也融會了新禪宗的精神，和漢代以前的舊儒家不盡相同了。本書泛稱「近世宗教倫理」，而不用「儒家倫理」的專名，其道理便在這裏。

其次，本書的另一重點是討論商人的精神。中國的商人階層早在春秋戰國時代便已出現在歷史的舞臺。秦漢以下，商人也一直都在社會上活躍。那麼我們為什麼要特別重視明清的商人呢？這主要是因為一方面商和士之間的互相流動開始變得非常密切了，而另一方面商人階層又明確地形成了自己的意識型態(ideology)。換句話說，商人在中國的社會價值系統中正式地上升了。士、農、工、商的傳統秩序漸漸轉變為士、商、農、工的新秩序了。更值得注意的是：十五、六世紀以來，許多「士」竟成為「商」的代言人；所謂商人的意識型態其實是通過「士」的筆或舌而建立起來的。甚至像王陽明這樣的大哲學家、像李夢陽這樣的大文學家也開始給商人寫墓誌銘，並且說：「四民異業而同道」或「士商異術而同心」了。王陽明以後，明清的重要文集中，常常可以找到有關商人的記載；中國的社會結構在不知不覺中已發生了一個很基本的變化。我在本書中曾列舉了許多例證。但是我願意借這個機會再補充一條極重要的資料。唐順之（一五〇七——一五六〇）在〈答王遵巖〉中說：

僕居閒偶然想起，宇宙間有一二事，人人見慣而絕可笑者。其屠沽細人有一碗飯喫，其死後則必有一篇墓誌。……如生而飯食、死而棺槨之不可缺。此事非特三代以上所無，雖唐、漢以前亦絕無此事。（《荊川先生文集》卷六）

「屠沽細人」是小商人，但人人死後都有一篇墓誌。這一普遍的現象最可以說明當時商人階層的心理：他們不但已不再自慚形穢，而且相信自己和立功、立德、立言的大人物一樣，也可以「不朽」了。唐順之明說這是以前所絕無之事，更證明商人墓誌銘的大量出現確是明代中期以後的新發展。唐順之既對商人這樣輕視，照理說他自己是不會給商人寫墓誌的了。可是有趣得很，他的文集中至少便有兩篇商人的傳記：一篇是為新安商人程楷（一四六九——一五二四）所寫的〈程少君行狀〉（《文集》卷十五），另一篇是為揚州鹽商葛欽之的妻子所寫的〈葛母傳〉（卷十六）。不用說，這兩篇傳記都是很恭維他們的。在〈葛母傳〉中，作者更告訴我們一個重要的事實：葛母不但送她的兒子到南京去向湛若水問學，而且還出了數百金為湛若水在揚州建修了甘泉書院。這件事是我們以前所不知道的；它為商人和儒學的關係提供了新證據。唐順之的《文集》更證實了本書的基本論點。

十五世紀以來，「棄儒就賈」是中國社會史上普遍的新現象。不但商人多從士人中來，而且士人也往往出身商賈家庭。所以十九世紀的沈垚說：「天下之士多出於商。」最近讀到漢譯本澁澤榮一《論語與算盤》，我十分欣賞他所創造的「士魂商才」的觀念。明清的中國也可以說是一個「士魂商才」的時代，不過中國的「士」不是「武士」而是「儒士」罷了。看來在中、日兩國的近世史和現代史上，「士魂商才」是一個共同的重大課題，值得歷史家共同研究和互相印證。

懷着對於中、日史學携手並進的熱烈願望，我謹以此書獻給日本的讀者。

一九八八年四月二十六日余英時於普林斯頓

怎樣讀中國書

讀書方法因人而異、因目的而異、因學科而異、因書而異……。所以讀書方法是很不容易寫的題目。而且一提到「讀書方法」，好像便給人一種印象，以為讀書有一定的方法，祇要依之而行，便可讀通一切的書。這是會發生誤導作用的。《開卷》專刊以「我的讀書方法」闢為專欄是一個比較聰明的作法，因為讀書方法確是每個人都不一樣。

但是我在構思這篇短文時，還是不免躊躇，因為我從來沒有系統地考慮過：我這幾十年究竟是用那些方法來讀書的。現在回想起來，我似乎變換過很多次的讀書方法，這和我自己的思想變遷以及時代思潮的影響都有關係。但是所謂「方法的變換」並不是有了新的方法便拋棄了舊的方法，而是方法增多了，不同的方法在不同的研讀對象上可以交互為用。

我從前提出過：「史無定法」的觀念，我現在也可以擴大為「讀書無定法」。不過這樣說對於青年讀者似乎毫無用處。如果詳細而具體地講，那便非寫一部很長的「讀書自傳」不可。

我另外也感到一個困難：我究竟對誰說「讀書方法」呢？我現在姑且假定我的讀者是有志於研究中國文史之學的青年朋友，和四十年前的我差不多，即正想走上獨立治學的路，但是還沒有完全決定選擇哪一種專門。

中國傳統的讀書法，講得最親切有味的無過於朱熹。《朱子語類》中有〈總論為學之方〉一卷和〈讀書法〉兩卷，我希望讀者肯花點時間去讀一讀，對於怎樣進入中國舊學問的世界一定有很大的幫助。朱子不但現身說法，而且也總結了荀子以來的讀書經驗，最能為我們指點門徑。

我們不要以為這是中國的舊方法，和今天西方的新方法相比早已落伍了。我曾經比較過朱子讀書法和今天西方所謂「詮釋學」的異同，發現彼此相通之處甚多。「詮釋學」所分析的各種層次，大致都可以在朱子的《語類》和《文集》中找得到。

古今中外論讀書，大致都不外專精和博覽兩途。

「專精」是指對古代經典之作必須下基礎工夫。古代經典很多，今天已不能人人盡讀。像清代戴震，不但十三經本文全能背誦，而且「註」也能背誦，只有「疏」不盡記得；這種工夫今天已不可能。因為我們的知識範圍擴大了無數倍，無法集中在幾部經、史上面。但是我們若有志治中國學問，還是要選幾部經典，反覆閱讀，雖不必記誦，至少要熟。近人余嘉錫在他的《四庫提要辨證》的〈序錄〉中說：「董遏謂『讀書百遍，而義自見。』固是不易之論。百遍縱或未能，三復必不可少。」至少我們必須在自己想進行專門研究的範圍之內，作這樣的努力。經典作品大致都已經過古人和今人的一再整理，我們早已比古人佔許多便宜了。不但中國傳統如此，西方現代的人文研究也還是如此。從前芝加哥大學有「偉大的典籍」(Great Books)的課程，也是要學生精熟若干經典。近來雖稍鬆弛，但仍有人提倡精讀柏拉圖的《理想國》之類的作品。

精讀的書給我們建立了作學問的基地；有了基地，我們才能擴展，這就是博覽了。博覽也須要有重點，不是漫無目的的亂翻。現代是知識爆炸的時代，古人所謂「一物不知，儒者之耻」，已不合時宜了。所以我們必須配合着自己專業去逐步擴大知識的範圍。這裏需要訓練自己的判斷能力：那些學科和自己的專業相關？在相關各科之中，我們又怎樣建立一個循序發展的計畫？各相關學科之中又有哪些書是屬於「必讀」的一類？這些問題我們可請教師友，也可以從現代人的著作中找到線索。這是現代大學制度給我們的特殊便利。博覽之書雖不必「三復」，但也還是要擇其精者作有系統的閱讀，至少要一字不遺細讀一遍。稍稍熟悉之後，才能「快讀」、「跳讀」。朱子曾說過：讀書先要花十分氣力才能畢一書，第二本書只用花七、八分功夫便可完成了，以後越來越省力，也越來越快。這是從「十目一行」到「一目十行」的過程，無論專精和博覽都無例外。

讀書要「虛心」，這是中國自古相傳的不二法門。

朱子說得好：「讀書別無法，只管看，便是法。正如獃人相似，捱來捱去，自己卻未先要立意見，且虛心，只管看。看來看去，自然曉得。」

這似乎是最笨的方法，但其實是最聰明的方法。我勸青年朋友們暫且不要信今天從西方搬來的許多意見，說什麼我們的腦子已不是一張白紙，我們必然帶着許多「先入之見」來讀古人的書，「客觀」是不可能的等等昏話。正因為我們有主觀，我們讀書時才必須盡最大的可能來求「客觀的了解」。事實證明：不同主觀的人，只要「虛心」讀書，則也未嘗不能彼此印證而相悅以解。如果「虛心」是不可能的，讀書的結果只不過各人加強已有的「主觀」，那又何必讀書呢？

「虛」和「謙」是分不開的。我們讀經典之作，甚至一般有學術價值的今人之作，總要先存一點謙遜的心理，不能一開始便狂妄自大。這是今天許多中國讀書人常犯的一種通病，尤以治中國學問的人為甚。他們往往「尊西人若帝天，視西籍如神聖」（這是鄧實克一九〇四年說的話），憑着平時所得的一點西方觀念，對中國古籍橫加「批判」，他們不是讀書，而是像高高在上的法官，把中國書籍當作囚犯一樣來審問、逼供。如果有人認為這是「創造」的表現，我想他大可不必浪費時間去讀中國書。倒不如像魯迅所說的：「中國書一本也不必讀，要讀便讀外國書」，反而更乾脆。不過讀外國書也還是要謙遜，也還是不能狂妄自大。

古人當然是可以「批判」的，古書也不是沒有漏洞。朱子說：「看文字，且信本句，不添字，那裏原有罅縫，如合子相似，自家去抉開，不是渾淪底物，硬去鑿。亦不可先立說，拿古人意來湊。」讀書得見書中的「罅縫」，已是有相當程度以後的事，不是初學便能達得到的境界。「硬去鑿」、「先立說，拿古人意來湊」卻恰恰是今天中國知識界最常見的病狀。有志治中國學問的人應該好好記取朱子這幾句話。

今天讀中國古書確有一層新的困難，是古人沒有的：我們從小受教育，已浸潤在現代（主要是西方）的概念之中。例如原有的經、史、子、集的舊分類（可以《四庫全書總目提要》為標準）早已為新的（也就是西方的）學科分類所取代。人類的文化和思想在大端上本多相通的地方（否則文化之間的互相了解便不可能了），因此有些西方概念可以很自然地引入中國學術傳統之中，化舊成新。但有些則是西方文化傳統中特有的概念，在中國找不到相當的東西；更有許多中國文化中的特殊的觀念，在西方也完全不見踪跡。我們今天讀中國書最怕的是把西方的觀念來穿鑿附會，其結果是非驢非馬，製造笑柄。

我希望青年朋友有志於讀古書的，最好是儘量先從中國舊傳統中去求了解，不要急於用西方觀念作新解。

中西會通是成學之後，有了把握，才能嘗試的事。即使你同時讀《論語》和柏拉圖的對話，也只能分別去了解其在原有文化系統中的相傳舊義，不能馬上想「合二為一」。

我可以負責地說一句：二十世紀以來，中國學人有關中國學術的著作，其最有價值的都是最少以西方觀念作比附的。四十年來，中國大陸的文、史、哲著作，凡是以馬克思主義的框框套在中國材料上的，都是一無價值的洋八股。如果治中國史者先有外國框框，則勢必不能細心體會中國史籍的「本意」，而是把它當報紙一樣的翻檢，從字面上找自己所需要的東西。(你們千萬不要誤信有些淺人的話，以為「本意」是找不到的，理由在此無法詳說。)

「好學深思，心知其意」是每一個真正讀書人所必須力求達到的最高階段。讀書的第一義是儘量求得客觀的認識，不是為了炫耀自己的「創造力」，能「發前人所未發」。其實今天中文世界裏的有些「新見解」，戳穿了不過是撿來一兩個外國新名詞在那裏亂翻花樣，不但在中國書中缺乏根據，而且也不合西方原文的脈絡。

中國自唐代韓愈以來，便主張「讀書必先識字」。中國文字表面上古今不異，但兩三千年演變下來，同一名詞已有各時代的不同涵義，所以沒有訓詁的基礎知識，是看不懂古書的。西方書也是一樣。不精通德文、法文而從第二手的英文著作中得來的有關歐洲大陸的思想觀念，是完全不可靠的。

中國知識界似乎還沒有完全擺脫殖民地的心態，一切以西方的觀念為最後依據。甚至「反西方」的思想也還是來自西方，如「依賴理論」、如「批判學說」、如「解構」之類。所以特別是這十幾年來，只要西方思想界稍有風吹草動（主要還是從美國轉販的），便有一批中國知識分子興風作浪一番，而且立即用之於中國書的解讀上面，這不是中西會通，而是隨着外國調子起舞，像被人牽着線的傀儡一樣，青年朋友們如果不幸而入此魔道，則從此便斷送了自己的學問前途。

美國是一個市場取向的社會，不變點新花樣、新產品，便沒有銷路。學術界受此影響，因此也往往在舊東西上動點手腳，當作新創造品來推銷，尤以人文社會科學為然。不過大體而言，美國學術界還能維持一種實學的傳統，不為新推銷術所動。今年五月底，我到哈佛大學參加了一次審查中國現代史長期聘任的專案會議。其中有一位候選者首先被歷史系除名，不加考慮。因為據聽過演講的教授報告，這位候選者在一小時之內用了一百二十次以上“discourse”這個流行名詞。哈佛歷史系的人斷定這位學人太過淺薄，是不能指導研究生作切實的文獻研究的。我聽了這番話，感觸很深，覺得西方史學界畢竟還有嚴格的水準，他們還是要求研究生平平實實地去讀書的。

這其實也是中國自古相傳的讀書傳統，一直到三十年代都保持未變。據我所知，日本漢學界大致也還維持着這一樸實的作風。我在美國三十多年中，曾看見了無數次所謂「新思潮」的興起和衰滅，真是「眼看他起高樓，眼看他樓塌了」。我希望中國知識界至少有少數「讀書種子」，能維持着認真讀中國書的傳統，徹底克服殖民地的心理。至於大多數人將為時代風氣席捲而去，大概已是無可奈何的事。

但是我決不是要提倡任何狹隘的「中國本土」的觀點，盲目排外和盲目崇外都是不正常的心態。只有「溫故」才能「知新」，只有「推陳」才能「出新」；「舊書不厭百回讀，熟讀深思子自知」，這是顛撲不破的關於讀書的道理。

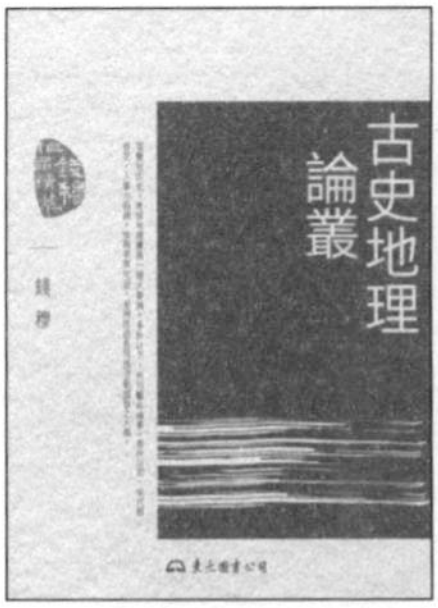

古史地理論叢

錢穆 著

本書彙集考論古代歷史、地理長短散文，主要意義有二：一則古代歷史上之異地同名來探究古代各部族遷徙之跡，從而論究其各地經濟、政治、人文進化先後之序，為治中國古代史者提出一至關重要應加注意之一節目。二為泛論中國歷史上南北兩地域經濟、政治、人文演進之古今變遷，同為治理中國人文地理者所當注意。

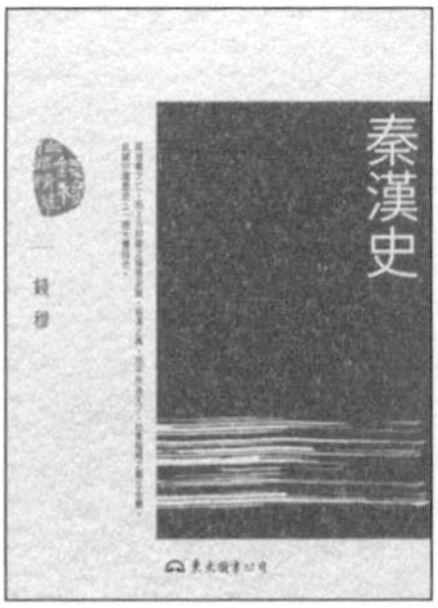

秦漢史

錢穆 著

你知道秦始皇如何統治龐大的帝國？焚書坑儒的真相又為何？漢帝國對外擴張遇到什麼樣的問題？重農抑商背後的事實是什麼？賓四先生以嚴謹的史學研究方法，就學術、政治及社會各層面，深入淺出地對秦漢史加以探討。不但一解秦漢史學的疑惑，更能提高讀者的眼界。

中國歷代政治得失

錢穆 著

本書提要鉤玄，專就漢、唐、宋、明、清五代治法方面，敘述其因革演變，指陳其利害得失，要言不煩，將歷史上許多專門知識，簡化為現代國民之普通常識，於近代國人對自己的傳統政治、傳統文化多誤解處，一一加以具體而明白的交代，實為現代知識分子所必讀。

中國史學發微

錢穆　著

史籍浩繁，尤其中國二十五史乃及三通九通，數說無窮。但本書屬提網挈領，探本窮源，所為極簡要極玄通。讀者即係初學，可以由此得其門戶。中人可以得其道路。老成可以得其歸極。要之，可以隨所超詣，各有會通。人人有得，可各試讀。

國史新論

錢穆　著

中國近百年來，面臨前所未有之變局，而不幸在此期間，智識份子積極於改革社會積弊，紛紛針貶傳統中國政治、社會文化等特質，卻產生中國自古為獨裁政體、封建社會等錯誤見解。錢穆先生務求發明古史實情，探討中國歷史真相。並期待能就新時代之需要，為國內一切問題，提供一本源可供追溯。

中國史學名著

錢穆　著

此書不單講述《史記》、《漢書》、《資治通鑑》等史學名著，舉凡為學之方、治史之道無不散見書中，更見錢穆大師殷殷期勉之意。曾謂：「我們今天的史學，已經到了一個極衰微的狀態之下了。……我希望慢慢能有少數人起來，再改變風氣，能把史學再重新開發出一條新路。」言猶在耳，吾人可不自惕哉！

國家圖書館出版品預行編目資料

中國文化與現代變遷／余英時著.——四版一刷.——
臺北市：三民，2023
面；　公分.——（余英時作品）

ISBN 978-957-14-7532-5（平裝）
1. 中國文化 2. 文集

541.262　　　　111014080

余英時作品

中國文化與現代變遷

作　者｜余英時
發行人｜劉振強
出版者｜三民書局股份有限公司
地　址｜臺北市復興北路 386 號 (復北門市)
臺北市重慶南路一段 61 號 (重南門市)
電　話｜(02)25006600
網　址｜三民網路書店 https://www.sanmin.com.tw

出版日期｜初版一刷 1992 年 11 月
三版二刷 2021 年 8 月
四版一刷 2023 年 1 月
書籍編號｜S540770
ISBN｜978-957-14-7532-5

三民書局